Norbert G. Pressburg

Good Bye Mohammed

Wie der Islam wirklich entstand

Die Wahrheit können wir nicht beweisen. Aber wir können die Unwahrheit beweisen, und uns so der Wahrheit annähern.

Karl Popper

Bibliografische Information der Deutschen Nationalbibliothek:
Die Deutsche Nationalbibliothek verzeichnet diese Publikation in der Deutschen Nationalbibliografie; detaillierte bibliografische Daten sind im Internet über http://dnb.d-nb.de abrufbar.

Covermotiv: dreamstime

Umschlagdesign, Satz, Herstellung und Verlag:
Books on Demand GmbH, Norderstedt

ISBN 978-3-8391-9203-0

Inhaltsverzeichnis

Vorbemerkung: Die Islamforschung hat gerade erst begonnen 7

Der traditionelle Koran 13

Der Koran der Wissenschaften 23

Der Prophet Muhamad nach traditionellen Berichten 41

Der historische Muhamad 53

Exkurs: Die Kirche am Tempelberg 71

Die Hadithe: Sprüche und Taten des Propheten 77

Die „Goldenen Zeiten" des Islam 89

Von Jesus zu Mohammed 117

„Wer hat uns das angetan?" 145

Literaturverzeichnis 166

Quelle: stepmap.de

Vorbemerkung: Die Islamforschung hat gerade erst begonnen

Den ersten näheren Kontakt zum Islam, zu den „Anhängern Mahomets", bekam Europa mit den Kreuzzügen. Das Heilige Land mit Jerusalem als Ursprung des christlichen Glaubens war von Falschgläubigen besetzt, ein unerträglicher Gedanke für das tiefgläubige mittelalterliche Europa. Pilger berichteten von Schikanen und Gräueltaten, der Entehrung heiliger Stätten. Das Heilige Land musste den Falschgläubigen entrissen, die Zugangswege mussten gesichert werden, und so begann der erste – missglückte – Kreuzzug im Jahr 1096. Drei weitere folgten, Endresultat war die Zerstörung nicht des islamischen, sondern des christlich-byzantinischen Reiches. Dies erst machte den Aufstieg des Osmanischen Reiches möglich, des größten islamischen Machtblocks der Geschichte. In seiner Expansion gelangten die Osmanen bis vor Wien, dies betrachtete man aber eher als ein Problem der österreichischen Habsburger denn als ein Problem Europas.

Der Islam war im Westen, im Gegensatz etwa zum Buddhismus, nie eine respektierte Religion. Man belächelte die seltsamen Gewohnheiten: kein Wein, kein Schwein, fünfmal am Tag beten, und man feixte nicht ganz ohne Neid über die Vielweiberei. Hunderte von Frauen soll der türkische Sultan gehabt haben!

Aber wirklich gewusst hat lange Zeit kaum jemand etwas über diese Religion, und es hat auch kaum jemanden interessiert. Engere Kontakte gab es erst wieder mit dem Aufkommen des Tourismus, aber auch da waren es eher die Relikte früherer Kulturen zwischen Nil und Tigris und die orientalischen Basare, die im Mittelpunkt des Interesses standen.

Für die Generation unserer Großväter und Urgroßväter mag auch der Einfluss Karl Mays nicht unerheblich gewesen sein. So wie er das Bild des nordamerikanischen Indianers als edlen Wilden zumindest im deutschsprachigen Raum verankert hat, prägte er auch das Bild vom Orientalen über Generationen hinweg. Kompliziert, rückständig, schlitzohrig, so ganz anders, aber doch irgendwie nett in seiner Art – Hadschi Halef Omar lässt grüßen.

Eine romantische Komponente zum europäischen Islambild fügten die Erzählungen von „Tausendundeiner Nacht" hinzu: das geheimnisvolle, sinnenfrohe Bagdad des Mittelalters mit seinem legendären Herrscher Harun al-Rashid.

Islamische Heere hatten zwar mehrfach Europa bedroht, aber trotzdem traten die muslimischen Bewohner südlich und östlich des Mittelmeeres eher als Zerstörer antiker Bauwerke und als raffinierte Teppichhändler ins Bewusstsein Europas denn als gefährliche Eroberer. Ja, der Orient war interessant – solange man nicht selber orientalische Verhältnisse hatte. Er lag ja weit genug weg, und die hinken der modernen Welt so weit hinterher, also lasst sie einfach machen. Öl spielte ein untergeordnete Rolle.

Dies änderte sich schlagartig, als mit dem Ölschock von 1973 der Nahe Osten, so hieß der Orient jetzt, ins Bewusstsein aller Europäer drang. Das Sonntagsfahrverbot für Autos betraf fast jeden, aber das Problem blieb auf einige wenige wirtschaftliche Fragen beschränkt.

Zu einer ganz anderen Dimension gehörten die Ereignisse Ende des 20. und Anfang des 21. Jahrhunderts: Ghaddafi, Saddam Hussein, die religiös motivierten Attentate von New York, Tunis, London, Madrid, die Hamburger Moschee, der „Kalif von Köln", Al-Qaida, Ahmadinedschad. Islamische Bombenleger in den Zentren der westlichen Welt, Massenvernichtungswaffen in den Händen von Leuten, die sich durch ihr Heiliges Buch und seinen Urheber Mohammed zu jeder auch noch so entsetzlichen Bluttat legitimiert fühlen.

Von vielen Muslimen bejubelt, von sehr vielen klammheimlich gebilligt und als Beginn des globalen, endgültigen Djihad gefeiert, rief diese Art von Blutvergießen Abscheu und Besorgnis in der nichtislamischen Welt hervor. Was ist das für ein heiliges Buch, das solche Gemetzel deckt? Was ist das für ein Prophet, der zu solchen Taten aufruft? Was ist das für eine Religion, die Andersgläubige entweder konvertieren oder vernichten will? Jugendliche Abenteurer schlugen sich zwar in das Lager der bärtigen Kämpfer, der größte Teil der Bevölkerung Europas und der Welt aber brachte dieser Religion Ablehnung bis Feindseligkeit entgegen: „Islamophobie". Die Attentate gerieten so zu einer Katastrophe nicht für die betroffenen Länder, sondern für die islamische Welt.

Allerdings erhoben sich auf islamischer Seite Stimmen, die sagten, diese Untaten widersprächen dem „wirklichen" Islam, sie seien „unislamisch" und eben nicht durch den Koran gedeckt. Allerdings konnten beide Seiten ihren Standpunkt durch Koranzitate belegen. Bei etwas näherem Hinsehen stellte sich heraus, dass die Muslime durchaus in sehr konträre Fraktionen geteilt waren, aber ihre Standpunkte trotzdem mit jeweils passenden Koranstellen unterfüttern konnten. Während manche den Auftrag zur Produktion von Atomwaffen aus dem heiligen Buch herauslasen, sahen andere in demselben Buch geradezu die Verkörperung der Toleranz.

Dies verursachte noch größere Unsicherheit in der nichtislamischen Welt. Wer hat nun recht? Wie kann man aus ein und demselben Text so verschiedene Dinge herauslesen? Wie geht das?

Ungefähr zeitgleich mit den Vorkommnissen, aber völlig unabhängig davon, beantwortete Christoph Luxenberg, Experte für alte semitische Sprachen, die Frage, indem er den Koran nicht in Arabisch, sondern in Syro-Aramäisch las. Mit so durchschlagendem Erfolg, dass er es als Verfasser eines Fachbuches, das nur auf Deutsch erschienen war, auf die Titelseite der „New York Times" brachte. Seine Behauptung: Die Urtexte des Koran, teils weit vor Mohammed entstanden, waren nicht in Arabisch geschrieben, sondern in Aramäisch, spätere arabische Editoren hätten aus Unkenntnis katastrophale Fehlübersetzungen geliefert. Weitere Wissenschaftler anderer Disziplinen widerlegten wesentliche Behauptungen der traditionellen islamischen Geschichtsdarstellung.

Wissenschaftliches Unbehagen über die Quellen des Koran und der Geschichtlichkeit Mohammeds gab es schon vor geraumer Zeit, fand aber so gut wie keine Beachtung bei den klassischen Orientalisten und in der Öffentlichkeit.

Gustav Weil (1808–1889) war der Erste, der sich historisch-kritisch mit dem Thema befasste. [1] Für ihn sind die rein mündlichen Überlieferungen des Lebens des Propheten, seiner Taten und Aussprüche, über Generationen weitergegeben, als Quelle für historische Vorgänge wertlos.

Etwa um dieselbe Zeit wurden die Mohammed-Biographien von Ibn Hisham (gest. 834) und at-Tabari (gest. 922) in verschiedene europäische Sprachen übersetzt.

In seinem Buch „Life of Mahomet", veröffentlicht in vier Bänden zwischen 1856 und 1861, konstatiert William Muir die vollkommen legendenhafte Struktur der islamischen Überlieferungen und nennt Quellen, die sich auf Geschichtenerzähler berufen, als vollkommen wertlos.

In seinen „Muhammedanischen Studien" (Halle 1889) bezeichnet Ignaz Goldziher (1850–1921), der Altmeister der Islam-Forschung, die *Hadithe* (anekdotenhafte Berichte über Mohammed) als pure Fälschungen aus späteren Zeiten.

Der italienische Frühislam-Spezialist Leone Caetani (1869–1935) und der Belgier Henri Lammens (1862–1937), der im Libanon lebte und die neuen wie

1 Gustav Weil, „Mohammed der Prophet, sein Leben und seine Lehre", Stuttgart 1843.

alten orientalischen Sprachen beherrschte, sind derselben Meinung. Nach dem sowjetischen Islamwissenschaftler Morozow ist der Koran nicht vor dem 11. Jahrhundert komplettiert worden, erst mit den Kreuzzügen habe der Islam eine eigene Identität angenommen. Sein Kollege Lucjan Klimowitsch nennt Mohammed und die Kalifen mystische Figuren, die nachträglich etabliert worden seien. Sein Artikel „Hat Muhamad wirklich gelebt?" (1930) konnte so zu dieser Zeit wahrscheinlich nur in der gottlosen Sowjetunion erscheinen.

Der Franzose Régis Blachère (1900–1973), Koranübersetzer und Spezialist für arabische Literatur, fasst seinen Versuch, das Leben Mohammeds zu rekonstruieren, so zusammen: Im Endresultat gebe es keine Quellen, die das ermöglichten. Die traditionellen Überlieferungen seien wissenschaftlich unbrauchbar, der Koran selber sage nichts zu diesem Thema.

Es gab auch muslimische Wissenschaftler, die sich kritisch mit den historischen Quellen des Islam befassten. Etwa Dr. Suliman Bashear (1947–1991), Professor an der Universität Nablus. Bei einer seiner Vorlesungen warfen ihn aufgebrachte Studenten aus dem Fenster im zweiten Stock, die Veröffentlichung seiner „Einführung in die andere Geschichte" (in Arabisch) kostete ihn 1984 den Job. Er hatte zu äußern gewagt, dass gewisse Traditionen einfach erfunden worden seien, um die Religionsgründung nach Mekka zu verlegen.

Es gab also genügend Forscher und Forschungen, die sich dem Islam und seinem Gründer von den Fakten her annäherten und ein ganz anderes Bild als die herkömmliche Tradition zeichneten.

Wie konnte es aber sein, dass eine aufgeklärte, gebildete Öffentlichkeit davon keine Notiz nahm? Wahrscheinlich, weil das Thema bis zum Einsturz der Türme des World Trade Centers in New York am 11. September 2001 kein Thema war. Auch waren die Vorbehalte diskret, ja fast verschämt vorgetragen worden.

Es dominierten weiter die klassischen Orientalisten, für die die traditionelle islamische Überlieferung eine solide Größe war. Sie waren offensichtlich nicht in der Lage oder willens zu erkennen, dass sie mit den islamischen Quellen nur Sekundärquellen in der Hand hielten.

Primärquellen aber sind die unabdingbare Grundlage jeder historischen Forschung. Das absolute Minimum jedes wissenschaftlichen Arbeitens ist es, vorhandenes Material auf seine Echtheit zu prüfen. Beides wurde von der klassischen Islamforschung unterlassen, von muslimischen Kommentatoren durfte man es erst gar nicht erwarten.

Referiert man über eine Schrift, zum Beispiel den Koran, ist es von ausschlaggebender Bedeutung, sich der Urschrift so weit wie möglich zu nähern. Woher stammt diese Schrift? Wer hat sie verfasst? Wann wurde sie verfasst? In welcher Sprache? In welcher Schrift? Die Bewertung hat ausschließlich auf der Basis von Primärquellen zu erfolgen. Dabei geht es in keiner Weise um die Interpretation des Inhalts, das ist Sache der Religion. Worum es wieder und wieder geht, sind eben diese Primärquellen. Und wir stellen mit großem Erstaunen fest, dass die Orientalistik wiederum spätere Bearbeitungen als das Original betrachtete. Das ist nichts weniger als eine wissenschaftliche Bankrotterklärung.

So, wie diese Frühgeschichte aus traditionell-islamischer Sicht beschrieben wird, hat sie mit Sicherheit nicht stattgefunden, das wissen wir. Wie sie aber wirklich abgelaufen ist, darüber hat die Forschung gerade erst begonnen. Die Entstehungsgeschichte des Islam, des Propheten und der Herkunft seines Buches muss neu geschrieben werden. Wir stehen erst am Anfang dieser Entwicklung.

Dieses Buch referiert den gegenwärtigen Stand des Wissens. Die Erkenntnisse sind bereits jetzt atemberaubend: Noch weit davon entfernt, lückenlos zu sein, wird das neue Bild der Entstehung des Islam, basierend auf Fakten und nur auf Fakten, nichts mehr mit dem zu tun haben, was uns traditionellerweise vermittelt wird.

Der traditionelle Koran

„Koranische Rede ist klar übermenschlich, wir finden überall einen gegenwärtigen Plan, den kein Mensch hätte erfinden können."

Abdallah Draz, Korangelehrter, Kairo

Für den gläubigen Muslim ist der Koran das Heilige Buch, in dem Gott durch den Propheten Muhamad[2] den Menschen seine Offenbarungen mitteilt. Nach der Tradition zog sich der Prophet in eine Höhle auf dem Berg Hira in der Nähe Mekkas zurück, wo er die sogenannten mekkanischen Suren empfing. Spätere Suren empfing er in Medina. Sie alle stammten direkt von Gott und wurden Muhamad vom Engel Gabriel in mündlicher Form übermittelt. Später gab Muhamad die Botschaften an Gefährten weiter, die sie memorierten oder aufschrieben.

Das zentrale Dogma bis auf den heutigen Tag lautet:
Der Koran ist unerschaffen. Muhamad hat den Text von Gott durch die Vermittlung des Erzengels Gabriel erhalten und unverändert an seine Nachwelt überliefert. Jedes Wort ist authentisch und unverrückbar, heilig und ewig gültig. Es gibt nichts auf der Welt, vergangen oder künftig, was nicht im Koran enthalten wäre. Der Koran, wie er uns heute vorliegt, ist die fehlerlose Abschrift des Originals, das im Paradies aufbewahrt wird. Die Sprache ist Arabisch. Weil nun auch das Original im Paradies in Arabisch geschrieben sein muss, ist Arabisch eine göttliche Sprache. Erhaben und heilig. Deshalb kann sie auch von profanen Menschen nicht in jedem Fall verstanden werden.

Dies ist der Anspruch, der auch heute noch gilt und an dem sich der Koran messen lassen muss.

Der Koran besteht aus 114 Suren, die sich aus einer Anzahl von Versen, vier bis mehreren hundert pro Sure, zusammensetzen. Diese Suren wurden nach traditioneller Darstellung von Muhamad über einen Zeitraum von 23 Jahren

2 „Mohammed" ist die klassische deutsche Schreibweise. „Muhamad" kommt der arabischen Schreibweise am nächsten. Das *h* wird als angedeutetes *ch* gesprochen, das erste *a* als angedeutetes *ä*.

seiner Umgebung vermittelt. Dies geschah mündlich. Verschiedene Personen in seiner Umgebung versuchten die Verse zu memorieren, manche wurden aufgeschrieben: auf Tierknochen, Lederstücken, Blättern, was gerade zur Verfügung stand. Eine systematische Sammlung der einzelnen Sprüche zu Muhamads Lebzeiten gab es nicht. Muhamad hat sein Buch nie gesehen, nach islamischen Schilderungen konnte er weder lesen noch schreiben.

Bei diesem Umgang mit Materialien konnten Verluste nicht ausbleiben. Der Prophet selber zog bisweilen Suren zurück oder änderte sie ab, Verse verschwanden. So bezeugen die Schreiber Ubay und Abu Musa, die Sure 33 *(Al Ahzab)* habe 200 Verse umfasst, vorhanden waren aber letztlich nur noch 73. Aischa, die Lieblingsfrau des Propheten, berichtete, sie habe ein paar Verse unter dem Bett aufbewahrt, die seien aber von einer Ziege gefressen worden.

Kurz nach dem Tode Muhamads begann sein schreibkundiger Gefährte Ibn Thabit mit der Zusammenstellung der vorhandenen Schriftstücke, aber es gab bald sieben verschiedene Versionen. Auf Befehl des Kalifen Othman (Regentschaft 644–656) erstellte Ibn Thabit abermals, zusammen mit drei ausgewählten Helfern aus dem Stamme der Kuraisch, eine von Fehlern bereinigte Version, die in die vier Hauptstädte des islamischen Reiches, Medina, Damaskus, Kufa und Basra, versandt wurden. Dies ist der „Othmanische Koran", nach islamischer Tradition die einzige gültige Version.

Allerdings wurde sie nicht von allen anerkannt, die Schiiten zum Beispiel bemängeln, Othman habe Suren unterdrückt und gefälscht, um den eigentlichen rechtmäßigen Kalifen Ali, auf den sich die Schiiten berufen, auszubooten.

Heute bezieht sich die islamische Hauptströmung, keineswegs die Gesamtheit der Muslime, auf die sogenannte Kairoer Koranausgabe von 1924, die auf den Versionen von Ibn Thabit, Othman und Ibn Yussuf beruhen soll. Es wird postuliert, dass diese Kairoer Ausgabe ohne Fehler und Abweichungen zu hundert Prozent dem entspricht, was Muhamad von Gott mitgeteilt wurde.

Der Koran ist schwer bis unlesbar, vieles ergibt für den Leser keinen Sinn, man möge sich bitte selber überzeugen. Die Standardantwort von Muslimen lautet, dies scheine nur so, denn der Koran sei unübersetzbar, er könne sinnvoll nur auf Arabisch gelesen werden.

Nun ist es aber so, dass der Koran auch in Arabisch nicht besser verstanden werden kann. Er ist selbst für Araber nur anhand der Kommentare verständlich, für nichtarabische Muslime gar nicht.

Es gibt Tausende von Kommentaren mit Tausenden von Subkommentaren. Manche Stellen werden dutzendfach verschieden interpretiert. Der klassische Kommentar von at-Tabari aus dem 10. Jahrhundert umfasst 300 Bände, in denen Vers für Vers erklärt wird. Tabari ist einer der anerkanntesten Kommentatoren. Aber selbst er bietet verschiedene Auslegungen an, und andere Kommentatoren kommen wiederum zu ganz anderen Lesarten.

Laut Gottes eigener Aussage ist die göttliche Botschaft „klar und deutlich in arabischer Sprache" für die Araber zur Erde gesandt worden. Warum dann die Verwirrung? Weil Allahs Worte natürlich nicht in jedem Fall vom Menschen verstanden werden könnten, lautet die traditionelle Antwort. Was die Korangelehrten aller Zeiten nicht daran hinderte, ihre jeweilige Auslegung als das einzig wahre Wort Gottes mit ultimativer Bedeutung zu bezeichnen.

Aber es gibt noch weitere Eigenheiten.

Es wimmelt im Koran nur so von Fremdwörtern, aus dem Syro-Aramäischen, Persischen, Griechischen und Hebräischen, zum Beispiel die oft benutzten Begriffe *dschehennam* (Hölle, persisch) oder *taura* (*Thora*, das Gesetz, hebräisch) oder *Logos* (das Wort, die Botschaft, griechisch). Der Anteil aramäischer Wörter macht einen beträchtlichen Teil des Koran aus.

Fremdwörter dürften aber definitionsgemäß nicht vorkommen, und jeder gläubige Muslim würde eine derartige Behauptung entrüstet zurückweisen. Es sind aber zweifellos die Sprachen im Koran vertreten, die zu dieser Zeit in der Region gesprochen wurden.

Auch arabische Sprachwissenschaftler bestätigen das Vorhandensein nichtarabischer Wörter im Koran, die offizielle Lehrmeinung ist jedoch nach wie vor, dass der Koran Fremdwörter nicht benutzt haben kann, weil er nach Gottes Fügung in perfektem Arabisch gegeben wurde.

Abdallah Draz, Koranausleger an der Kairoer Al-Azhar-Universität, schließt jede Möglichkeit fremden Einflusses prinzipiell aus. Nicht einmal Muhamad habe die Möglichkeit gehabt, die vom Engel Gabriel überbrachten Worte misszuverstehen oder gar durch eigene Reflexion zu verfälschen. Denn Muhamad habe selber keinerlei Ahnung von der Materie gehabt, er sei reines Werkzeug Gottes gewesen, wie hätte er als Unwissender seine Meinung einbringen können? Wohl hätte er vielleicht die Falschheit der Götzenanbetung, aber nie die Wahrheit des richtigen Glaubens erkennen können. Durch bloßes Denken hätte er von früheren Ereignissen nichts wissen können, und doch stimme der Koran in vielen Dingen mit der Bibel überein.

Der Korangelehrte traute Muhamad wohl keine Bibelkenntnis zu. Es gibt Übereinstimmung mit der Bibel, es gibt aber auch große Diskrepanzen. Der Islam erkennt zum Beispiel die Existenz Jesu an, nicht aber seinen Tod am Kreuz. Dabei ist die Kreuzigung Jesu eine der ganz wenigen religiösen Episoden überhaupt, die historisch eindeutig belegt ist.

Auch die zeitliche Abfolge kommt bisweilen aus dem Lot: So verlegt der Koran Aarons Schwester Mariyam (gemeint ist Maria) in Sure 19 aus dem ägyptisch-pharaonischen Umfeld des Alten Testamentes ohne Probleme in die römische Zeit Palästinas und mutiert sie zur Mutter Jesu:

„*Oh Schwester Aarons* [Anm.: Aaron ist der alttestamentliche Bruder des Moses], *dein Vater war kein Bösewicht und deine Mutter keine Dirne …*“ (Sure 19:28)

Und sie deutete auf ihn. Sie sprachen: „Wie sollen wir mit ihm, einem Kind in der Wiege, reden?“ (Sure 19:29)

„*Und er* [Jesus in der Krippe] *sprach: Ich bin Allahs Diener, gegeben hat er mir das Buch und er machte mich zum Propheten …*“[3] (Sure 19:30)

Kein Muslim käme je auf die Idee, diese wie andere Behauptungen des Koran in Zweifel zu ziehen, auch wenn dem noch so viele bewiesene Tatbestände oder praktische Unmöglichkeiten entgegenstehen.

Des Weiteren fällt dem Leser des Koran die Unlogik und Beziehungslosigkeit vieler Verse auf. Manche stehen offensichtlich nicht da, wo sie dem Zusammenhang nach hingehören. Bei näherer Betrachtung ergeben sich sogar viele Widersprüche. An einer Stelle wird der Wein akzeptiert (Sure 16:67), an anderer wird nur verboten, betrunken zum Gebet zu erscheinen (Sure 4:43), während an wieder anderer Stelle (Sure 2:219) der Wein für Muslime generell verboten wird. Zu anderem Anlass wiederum wird den Gläubigen Wein im Paradies versprochen („Bäche von Wasser, Honig, Milch und Wein“).

Die zahlreichen Widersprüche sind natürlich bekannt und werden von Korangelehrten ganz offiziell als *aufgehobene* und *aufhebende* Verse bezeichnet. Ein Vers kann also durch einen anderen aufgehoben werden. Je nach Lehrmeinung gibt es 225 bis 500 solcher sich widersprechenden Verse.

[3] Dass Allah Jesus „das Buch“ gegeben haben soll, birgt überdies theologischen Sprengstoff in sich.

Beispiel 1:
Vers 2 der Sure 73: „*Steh auf zum Gebet die ganze Nacht bis auf einen kleinen Teil …*"

Er wird aufgehoben durch Vers 20 der gleichen Sure: „*Der Herr weiß, dass du zum Gebet aufstehst beinahe zwei der Drittel der Nacht oder die Hälfte oder ein Drittel davon …*"

Als Konsequenz daraus wird abgeleitet, dass das Nachtgebet zeitlich stark limitiert werden darf.

Beispiel 2:
Sure 4:7: „*Den Männern steht ein Teil von dem, was die Eltern und Angehörigen hinterlassen, zu, den Frauen steht ein Teil von dem, was die Eltern und Angehörigen hinterlassen, zu …*"

Die Stelle wird aufgehoben durch Vers 11 der gleichen Sure: „*Gott trägt euch in Bezug auf eure Kinder Folgendes auf: Einem männlichen Kind steht der doppelte Anteil von einem weiblichen zu. Sind es nur Frauen, über zwei an der Zahl, so stehen ihnen zwei Drittel dessen, was er hinterlässt, zu, ist es nur eine, so steht ihr die Hälfte zu. Den Eltern steht jedem von ihnen ein Sechstel dessen, was er hinterlässt, zu, wenn er Kinder hat. Wenn er keine Kinder hat … Dies ist eine Pflicht von Seiten Gottes.*"

Das bedeutet eine Modifizierung des Erbrechts.

Beispiel 3:
Sure 2:190: „*Bekämpft mit Gottes Willen diejenigen, die euch bekämpfen, aber übertreibt nicht. Gott liebt nicht die Übertreter.*"

Aufhebung in Sure 2:191: „*Und tötet sie* [die Ungläubigen], *wo immer ihr sie trefft …*"

Weitere Aufhebung in Sure 9:5: „*Wenn die heiligen Monate abgelaufen sind, dann tötet die Ungläubigen, wo immer ihr sie findet, greift sie, belagert sie und lauert ihnen auf jedem Weg auf …*"

Sure 2:190 spricht nur von *bekämpfen*, 2:191 spricht von *töten*. 9:5 wiederholt den Tötungsauftrag, begrenzt ihn aber zeitlich. Dies bedeutet, die Ungläubigen dürfen getötet werden, allerdings muss der Krieg während des Ramadan ruhen, wobei wiederum Interpretationsspielraum gegeben ist durch die Nennung von *Monaten* anstatt eines *Monats*.

Widersprüche über Widersprüche. Der gläubige Muslim hat jedoch keinerlei logisches Problem damit, denn alles ist für Gott möglich und erlaubt:

Sure 2:106: *„Was wir auch an Versen aufheben, wir bringen bessere oder gleiche dafür. Weißt du nicht, dass Allah über alle Dinge Macht hat?"*

Gängige Praxis ist, den späteren Suren, das sind die sogenannten medinischen Suren, den Vorzug zu geben, weil sie die aktuelleren seien. Wer weiß aber wirklich, welches die späteren Suren waren, nachdem ihre Nummerierung einfach der Länge nach erfolgte? Die medinischen Suren sind sehr viel radikaler und mehr auf die praktischen Dinge bezogen als die mekkanischen, die mehr theologischen Inhalts sind. Dies macht in vielen Fällen die jeweils radikalere Aussage zu der gültigen, auch wenn eine liberalere Passage an anderer Stelle vorhanden sein mag.

Gemessen an einem göttlichen, perfekten Anspruch, sind dies eher irritierende Praktiken. Für einen Gläubigen stellen sie aber kein Problem dar, denn diese Methodik ist nochmals abgedeckt von Sure 13:39: *„Allah löscht aus, was er will, und bestätigt, was er will, denn er ist die Mutter des Buches."*

Oftmals sind Verse auch semantisch uneindeutig – ihre Bedeutung hängt von ihrer Betonung ab.

Ein Vers lautet zum Beispiel: *„Es gibt keinen Zwang in der Religion."*

Das wird von manchen so gelesen, dass jeder seine Religion durchaus selber wählen könne. Andere Auslegungen insistieren jedoch, der Vers müsse gelesen werden als *„Es gibt keinen Zwang* ***in*** *der Religion"*. Demnach wäre der Islam also die einzig mögliche Religion, aber innerhalb derer seien gewisse Toleranzen möglich.

Der Korangelehrte weiter:

„Die Sätze sind in würdigster Form so ausgedrückt, dass die kleinstmögliche Anzahl von Worten verwendet wird, um Gedanken von äußerstem Reichtum auszudrücken.

Koranische Rede ist klar übermenschlich, weil sie das psychologische Gesetz durchbricht, dass Intellekt und Gefühl immer im umgekehrten Verhältnis zueinander stehen.

Zur Struktur einer Sure und des ganzen Koran übergehend finden wir einen überall gegenwärtigen Plan, den kein Mensch hätte erfinden können."

Der übermenschliche Plan besteht in Wirklichkeit darin, dass alle Suren im Stil der Zeit der Länge nach absteigend angeordnet werden. Die längsten Suren stehen am Anfang, die kürzesten am Schluss.

So umfasst die Sure Zwei 286 Verse und Sure Vier 175 Verse. Sure Hundertelf hingegen hat zum Beispiel nur 5 Verse, und Sure Hundertzwölf nur 4.[4]

Durch diese Anordnung geht jeglicher zeitliche und thematische Zusammenhang verloren, und dies hat eine Unlogik zur Folge, die dem Verständnis des Textes nicht gerade förderlich ist. Ungläubige Koranforscher haben mit einigem Erfolg die zeitliche Abfolge und logische Zuordnung rekonstruiert und damit erst Sinn in viele Passagen gebracht, stießen aber bei der islamischen Geistlichkeit auf wenig Beachtung.

Das muslimische Hauptargument der Göttlichkeit des Koran liegt denn auch auf einer vollkommen anderen, nämlich auf einer emotionalen Ebene: Die Form, also die Reimprosa der Suren und Verse, sei so vollkommen, dass sie niemals aus einer menschlichen Feder stammen könnte. Für jeden Muslim ist die Ästhetik der Dichtung allein unwiderlegbarer Beweis für die göttliche Herkunft des Koran. Es gibt unzählige Lobeshymnen über die Perfektion der Verse, jeder Gläubige wird die atemberaubende Dichtkunst bestätigen – auch wenn er sie nicht verstehen kann.

Es ist nun müßig, über die Ästhetik einer Sprache zu urteilen, die nicht Muttersprache ist. Aber zu allen Zeiten gab es arabische Persönlichkeiten, die dem Koran die ihm zugesprochene ästhetische Qualität der Sprache schlichtweg absprachen – und dies oft genug mit dem Leben bezahlten. Bekannt sind auch zahlreiche grammatikalische Fehler. Ali Dashti[5] listet detailliert eine ganze Reihe von grammatikalischen Fehlern und syntaktischen Unmöglichkeiten auf. Er schreibt: „Der Koran enthält unvollständige Sätze … es kommen fremdsprachliche Begriffe vor, unbekannte arabische Ausdrücke und Wörter, die in einer anderen als der gewöhnlichen Bedeutung benutzt werden. Er missachtet die Regeln der Grammatik, ganz gleich, ob es sich um Femininum,

4 Die Sure Eins mit nur sieben Versen, die „Eröffnende", zählt nicht als eigentliche Sure, denn sie wendet sich an Gott und kann daher nicht von Gott stammen. Setzt man allerdings Gottes Befehl „Sprich!" davor, kann eine Sure als Anweisung gelesen werden und so doch von Gott stammen. Dieser Trick findet sich 350-mal im Koran.

5 Ali Dashti (1896–1981), Iraner. Studierte in Nedschaf Theologie und Geschichte. Schiitischer Geistlicher, später Journalist. Bekannter Oppositonspolitiker mit mehreren Inhaftierungen. 1979 von Khomeini in Haft genommen, wo er 1981 starb.

Maskulinum, Verb oder Substantiv, Adjektive oder Adverbien handelt. Dazu kommen unlogische und grammatikalisch falsche Pronomina, die an manchen Stellen keinen Bezug haben."

Jeder Muslim sollte in seinem Leben den Koran zumindest einmal gelesen haben, und die meisten haben das auch getan, beginnend im Alter von drei bis sechs Jahren. Dies geht so vonstatten, dass der Unterrichtende einen Vers in Arabisch vorliest und der Schüler das Gehörte wiederholt. Nach einer gewissen Zeit ist er in der Lage, die Verse selbstständig zu sprechen. Gefragt, was das eben Gelesene bedeute, kann er jedoch keine Auskunft geben. Er hat gelernt, den Koran zu rezitieren, nicht aber zu verstehen. Hierfür bräuchte er eine Ausbildung in Koranarabisch.

Der Koran ist nämlich keineswegs in einem allgemein gebräuchlichen Arabisch geschrieben, denn „das" Arabische gibt es nicht.

Da ist zuallererst die jeweilige Umgangssprache wie Marokkanisch, Syrisch, Ägyptisch, Jemenitisch, Golfarabisch und so weiter. Diese arabischen Dialekte können extrem unterschiedlich sein und unterscheiden sich ihrerseits wieder mehr oder weniger stark von der *Arabiya,* dem Hocharabischen, das in dem klassischen Arabisch des Koran wurzelt. Die *Arabiya* ist die offizielle Sprache, sie wird vom Volk nur höchst unvollkommen beherrscht. Vom ehemaligen ägyptischen Staatspräsidenten Nasser, einem großen Redner, ist bekannt, dass er seine Reden oft in der *Arabiya* begann, aber an den entscheidenden Passagen[6] in die *Ammiya*, die Sprache des Volkes, wechselte. Das waren dann die Momente, wo er die Volksseele zum Überschäumen brachte.

Die Sprache des Koran unterscheidet sich nun aber ihrerseits wieder von der *Arabiya* und wird außerhalb der islamischen Gelehrtenzirkel von kaum jemand verstanden. Selbst ein Saudi-Araber, also einer aus dem Lande des Propheten selber, hat seine liebe Mühe damit. Nur ein rudimentäres Verständnis ist bei einem Ägypter, Iraker oder Marokkaner vorhanden, vollkommenes Unverständnis herrscht bei nichtarabischen Muslimen. Was versteht ein Türke, Afghane, Pakistaner, Iraner, Malediver oder Indonesier vom arabischen Inhalt des Koran? Buchstäblich nichts – auch wenn er ihn rezitieren kann.

Das Verständnis wird von ihm auch gar nicht erwartet, denn den Inhalt erfährt der Gläubige von Imamen und Vorbetern, die diesen in den allermeisten Fällen ihrerseits wieder mitgeteilt bekamen. Daher rühren auch die vielen

---

6 Etwa als er die Verstaatlichung des Suezkanals verkündete.

unterschiedlichen, oft auf lokalen Traditionen beruhenden Anschauungen innerhalb der Religion, und es erklärt, warum muslimische Massen so leicht entflammbar sind:

Es macht die Nachricht die Runde, dass in einer europäischen Zeitung der Prophet durch gotteslästerliche Karikaturen schwer beleidigt wurde. Sogar mit einer Schweineschnauze sei er dargestellt worden. Darauf gehen Hunderttausende, vorwiegend nach den Freitagspredigten, auf die Straße, stecken Gebäude in Brand, es gibt Verletzte und Tote. Dabei hat nicht ein einziger der Demonstranten, nicht einmal die Prediger, die sie aufgepeitscht hatten, je eine dieser Karikaturen zu Gesicht bekommen, um sich eine eigene Meinung zu bilden. Es ist nicht die allgemeine Praxis, sich religiöse Sachverhalte originär zu erschließen, die jeweils richtige Meinung ist stets vorgegeben.

Es gibt im Islam keine oberste theologische Autorität, aber traditionell hat die Al-Ahzar-Universität in Kairo die Deutungshoheit über den Koran. Auf sie geht die Version von 1924 zurück, mit dem Anspruch, die einzig gültige für Muslime zu sein.

Seit einiger Zeit aber ist Saudi-Arabien der Hauptexporteur in Sachen islamischer Entwicklungshilfe. Auf Kosten des Königshauses strömen Heere von Korangelehrten in alle Teile der islamischen Welt, um das saudische Verständnis der richtigen Auslegung des Koran, den *Wahhabismus*, zu verbreiten. Muslime, die sich dem Wahhabismus anschließen, erhalten meist finanzielle Zuwendungen. So kommt es, dass lange Bärte und total verhüllte Frauen beispielsweise im Straßenbild von Male, der Hauptstadt der Malediven, auftauchen, was noch vor wenigen Jahren undenkbar gewesen wäre. Der Wahhabismus, diese extreme Ausformung von einst nur lokaler Bedeutung, hat sich durch die Petrodollars zu einer bedeutenden Richtung des Islam gemausert.

Wir wollen das traditionelle Verständnis von der Entstehung des Koran noch einmal zusammenfassen:
114 Suren mit bis zu 300 Versen pro Sure, das entspricht rund 600 Seiten in der Reclam-Ausgabe von 2006, wurden Muhamad vom Erzengel Gabriel nach traditioneller Lehrmeinung übermittelt, die er an seine Anhänger wörtlich ohne Fehl und Irrtum weitergab. Diese memorierten ihrerseits die Suren oder schrieben sie provisorisch auf, wobei mit dem Material bisweilen recht nachlässig umgegangen wurde. Aber auch hier gab es keine Fehler und keinen Irrtum. Mehrere „offizielle" und sehr tiefgreifende Bearbeitungen folgten im Lauf der Jahre. Die vom Anspruch her vollkommen reine arabische Sprache

des Koran enthält viele Fremdwörter und ist auch für Araber ohne Kommentar nicht lesbar. Zahlreiche Verse gehören offensichtlich nicht an die Stelle, an der sie sich befinden. Die Anordnung der Suren, der Länge nach absteigend, erschwert die Einordnung. Trotzdem steht heute noch der Anspruch, jedes Wort im kanonischen Koran, der Referenzausgabe von Kairo 1924, sei ohne Fehl und Irrtum Gottes Wort und damit ewig und unverrückbar.

Sehen wir uns im nächsten Kapitel an, was die Wissenschaft dazu sagt.

Der Koran der Wissenschaften

> *„Studieren sie [die Zweifler] denn nicht den Koran? Wenn er von jemand anderem als von Gott wäre, würden sie in ihm viel Widerspruch finden."*
>
> Koran, Sure 4:82

Rudi Paret (1901–1983), prominenter Koranübersetzer, schreibt in der Einleitung zu seiner deutschen Übersetzung: „Wir haben keinen Grund anzunehmen, dass auch nur ein einziger Vers im ganzen Koran nicht von Mohammed stammen würde." Er, der sich in seiner Übersetzungsarbeit quasi tagtäglich mit Widersprüchen, Unklarheiten, Fehlern, Ungereimtheiten logischer wie sprachlicher Natur herumschlagen musste: Woher weiß er das? Wie kommt er zu diesem Schluss?

Er gibt die Meinung der Mainstream-Orientalistik wieder. Diese forschte systemimmanent und schien sich nicht im Geringsten mit der Frage nach der Bonität von Quellen belästigen zu wollen. Man übersetzte zum Beispiel den Koran getreu der arabischen Vorlage ins Deutsche. Sehr präzise, sehr gewissenhaft, ja sogar so brillant, dass manche Übersetzungen näher an der ursprünglichen Bedeutung sind als die arabische Vorlage selber. Die Übersetzungen gerieten bisweilen schon zur Interpretation, aber der Autor konnte belegen, dass sich der Originalbearbeiter in diesem oder jenem Punkt geirrt habe – wir kommen später auf einige Beispiele. Da hätten bei einem Wissenschaftler schon die Alarmglocken schrillen müssen, denn es handelte sich ja nicht um irgendeinen Text, sondern um eine göttliche Botschaft in angeblich reinstem Arabisch, die einen Wahrheitsanspruch erhob. Die Negierung augenfälliger Ungereimtheiten und der unglaublich schlampige Umgang mit Quellen hat die traditionelle Orientalistik so in Verruf gebracht, dass sie damit negative Wissenschaftsgeschichte geschrieben hat.

Nach traditioneller islamischer Überlieferung also verkündigte der Prophet Muhamad zwischen 610 und 632 Offenbarungen und gründete damit eine neue Religion. Zu seinen Lebzeiten existierten nur mündliche Überlieferungen, aber sein dritter Nachfolger, der Kalif Othman, soll nach traditioneller islamischer Auffassung das Material bereits 20 Jahre später zu einem Buch zusammengefügt haben, dem sogenannten „Othmanischen Koran". Dieser soll bereits die endgültige orthographische und inhaltliche Autorität repräsentiert haben. In weiteren achtzig Jahren sollen sich Buch wie Religion über Syrien, Mesopotamien, Arabien, Ägypten und Nordafrika verbreitet haben. Ein epochaler Vorgang von unglaublicher Geschwindigkeit. Wenn es denn so war.

Wer behauptet das aufgrund welcher Belege? Oder andersherum: Wie sehen die Quellen aus?

Von islamischer Seite haben wir keinerlei zeitgenössische Belege. Wir haben keinen Othmanischen Urkoran, keinerlei andere zeitnahe Ausgaben, der erste bekannte Koran als Zusammenfassung einzelner Texte stammt aus dem Ende des 9. Jahrhunderts. Der Herausgeber des Urkoran, der ominöse Kalif Othman, ist historisch nicht fassbar. Es gibt nicht einen einzigen außerislamischen Hinweis auf ihn, von einem Nachweis gar nicht zu reden. Man kann den Kalifen Othman deshalb getrost ins Reich der Phantasie verweisen. Erst zwei Jahrhunderte nach den behaupteten Ereignissen setzen die ersten islamischen Beschreibungen über Muhamad und sein Buch ein, die meisten sind drei Jahrhunderte danach entstanden.

Der Wissenschaft allerdings sind Schriften und Schriftfragmente aus der Zeit vor dem Propheten bekannt, die viel später im endgültigen Koran wieder auftauchen. Nach Schätzung des Koranforschers Günter Lüling machen die vormohammedanischen Schriften nicht weniger als dreißig Prozent des späteren Koran aus.[7] Der Wissenschaft also sind wenigstens Fragmente des späteren Koran bekannt, die aus der Zeit Muhamads und davor datieren. Koranschriften aus der Zeit vor dem Gründer des Islam?

Theodor Nöldeke[8] hatte bereits 1909 einen Katalog zahlreicher Fehler und Eigentümlichkeiten der Koransprache erstellt. Er erwähnt Überschneidungen mit der syro-aramäischen Sprache, ohne aber weiter darauf einzugehen. Der im Irak gebürtige Handschriftenforscher Alphonse Hormizd Mingana stellte 1927 als Erster die starke Durchmischung des Koranarabischen mit dem Syro-Aramäischen heraus. Lüling bestätigt und vertieft später diese Ergebnisse.

---

[7] Günter Lüling, „Über den Urkoran. Ansätze zur Rekonstruktion der vorislamischen Strophenlieder im Koran", Erlangen 1974.

[8] Theodor Nöldeke, „Geschichte des Qorans", Faksimile der Ausgabe von 1909, Elibron Classic series, Adamont Media Corporation 2005.

Es gibt zahlreiche Koranpassagen, die sogenannten „dunklen Stellen", die auch für arabische Interpreten nicht vernünftig lesbar sind. Dies führte dann zu den vielen – oft völlig unterschiedlichen – Interpretationen, die für die islamische Lehre kennzeichnend sind. Nach islamischer Meinung ist ja die Sprache Gottes selber Arabisch. Wer diese Passagen nicht lesen könne, beherrsche demnach ganz einfach nicht das perfekte Arabisch Gottes.

Diese Erklärung mag Gläubige befriedigen, nicht jedoch Wissenschaftler. Der Semitist und Sprachforscher Christoph Luxenberg[9] nahm sich einige der „dunklen Stellen" vor. Er begann diese unklaren und scheinbar sinnlosen Koranpassagen in der Sprache der Ursprungszeit zu lesen. Diese Sprache war Syro-Aramäisch. Und er kam zu sehr erstaunlichen Ergebnissen.

Die Sure 19 (Surat Maryam/Marien-Sure) ist solch eine Passage. Zunächst beschreibt sie die Empfängnis Marias und kommt dann zu ihrer Verzweiflung über die uneheliche Geburt ihres Sohnes Jesus, sie wünscht sich deswegen den Tod herbei.

Im Vers 24 dieser Sure heißt es in der traditionellen Übersetzung:
„*Und es rief er* [Jesus] *unter ihr: Bekümmere dich nicht, dein Herr hat unter dir ein Bächlein fließen lassen!*"

In Syro-Aramäisch gelesen heißt der Vers hingegen:
„*Da rief er* [Jesus] *ihr nach der Niederkunft zu: Sei nicht traurig, der Herr hat deine Niederkunft legitim gemacht.*"

Ein vormals eigenartiger Satz bekommt plötzlich seinen Sinn! (Am Sprachgenie des Baby-Jesus darf man sich nicht stören, es wird in mehreren Koranstellen bemüht.)

Auch die Huris, die Paradiesjungfrauen, die der Koran den Märtyrern im Dutzend verspricht, sehen bei Luxenberg ganz anders aus.
Im Koran liest sich das in der traditionellen Übersetzung so:

Sure 44:54: „*Und wir geben ihnen* [den Gläubigen] *großäugige Huris als Gattinnen.*"

---

9 Pseudonym eines Professors an einer deutschen Universität.

Dieser Vers heißt in der autorisierten arabischen Version: *wa-zawwagnahum bi-hur in* und kann nach Luxenberg im klassischen Arabisch gelesen werden als *verheiraten.* Aber nur dann, wenn man über das *r* und unter das *h* einen diakritischen Punkt setzt, der anzeigt, wie der Buchstabe präzise zu lesen ist. Diese diakritischen Punkte gab es aber nicht in den frühen Texten. Und ohne die Punkte liest sich das Wort *rawwah-na-hum*, was im Aramäischen *ausruhen lassen* bedeutet.

Hur ist zweifellos der Plural von weiblich *hawra*, heißt also *weiße.*

In ist in Arabisch nicht verstehbar, deswegen interpretieren die arabischen Bearbeiter des Koran *in* als Plural von *ain* (Auge, Brunnen), obwohl es korrekt *uyun* bzw. *ayun* heißen müsste.

Hur in wären also *weiße Augen*. Dies aber ist auch im Arabischen in diesem Zusammenhang Unsinn (an anderer Stelle im Koran, Sure 12:84, bedeutet *weiße Augen* denn auch *erblindet*). Deswegen bieten die arabischen Koraninterpreten „großäugige Weiße" an. Daraus wurden „großäugige Huris" – die „Paradiesjungfrauen" waren geboren.

Luxenberg weist jedoch durch koranische wie außerkoranische Querverweise nach, dass mit den „Weißen" im Paradieskontext zweifelsfrei Weintrauben gemeint sind. Das arabisch unverstandene Wort *in* bedeutet in Aramäisch *kristallklar, glänzend, prachtvolles Aussehen.* Die *hur in* sind also keine Wesen, schon gar nicht Huris, sondern *kristallklare, prachtvolle Weintrauben.*

Und zuletzt meint *bi* nicht das arabische *mit*, sondern das aramäische *unter.* Der Gläubige wird also nicht mit den *Huris* verpaart, sondern er rastet unter den *hur in*, also *unter den Weintrauben.*

Sure 44:54 liest sich nach Luxenberg also richtig:
„Wir werden es ihnen unter prachtvollen Weintrauben behaglich machen."
Ein nicht unbeachtlicher Unterschied, muss man konstatieren (und mit nicht unerheblichen Konsequenzen für die Märtyrer).

Den Huris dichten die Interpreten diverse Attribute an.

Sure 2:25: *„Im Paradies warten gereinigte Gattinnen auf sie."*

In Wirklichkeit ist die Rede von *„allerlei Arten von reinen Früchten"*.

Aus Sure 38:52 leiten die arabischen Koraninterpreten das Alter der Huris ab. Sie sind zunächst „gleichaltrig", dann werden sie „jung", „immerwährend jung", und in späteren Interpretationen wird ihnen sogar ein Alter zugewiesen: „33 Jahre". Nichts davon steht im Koran.

Es geht um das Wort *atrab*, das im Arabischen nicht verständlich ist und deshalb mit den genannten Interpretationen versehen wurde. In Wirklichkeit bedeutet die aramäische Wurzel *saftig, Fruchtfleisch.*

Aus Sure 38:52 nach traditioneller Lesart:
„*Während sie gleichaltrige* [ewig junge, 33-jährige] *Huris bei sich haben, die Augen niedergeschlagen …*",

wird in der korrekten aramäischen Übersetzung:

„*Bei ihnen werden niederhängende, saftige Früchte sein.*"

Den Vogel schießen die Interpreten mit Sure 55:56 und 74 ab, wo die Huris schließlich zu Jungfrauen ernannt werden. In weiteren Interpretationen bleiben sie sogar ewig Jungfrauen, auch wenn sie den Gläubigen bereits zur Verfügung gestanden hatten:

Sure 55:56: „*Darin* [in den Gärten] *befinden sich auch, die Augen niedergeschlagen, weibliche Wesen* [die *huris*], *die vor ihnen noch niemand* [weder Mensch noch Dschinn] *entjungfert hat.*"

Die Interpretation des Ausdruck *lam yatmithunna* als „entjungfern" stammt vom Koraninterpreten at-Tabari (um 900) und wurde kritiklos weitergeführt, wobei die syro-aramäische Wurzel ohne Zweifel lediglich *verunreinigen, beflecken* bedeutet.

Der ganze Satz heißt demnach richtig:
„*Darin befinden sich herabhängende Früchte, die noch niemand angerührt hat.*"

Luxenberg merkt zu dieser Stelle an: „Mit der Interpretation ‚entjungfern' ist der Gipfel erreicht. Wer den Koran mit etwas Verständnis liest, muss an dieser Stelle geradezu die Hände über dem Kopf zusammenschlagen. Nicht nur Unwissenheit ist daran schuld, es gehört schon eine gute Portion Dreistigkeit dazu, bei einer heiligen Schrift sich so etwas auszudenken und dies dem Koran zu unterstellen."

Man möchte hinzufügen: Da ist die schmutzige Phantasie mit den bärtigen Männern durchgegangen.

Aber es geht in diesem Stil weiter.
Wir wissen von den Huris bereits, dass sie hübsch, 33 Jahre alt und ewig jungfräulich sind.

In Sure 78:33 erfahren wir ein weiteres Detail – sie sind vollbusig:

„[Die Gottesfürchtigen erwarten] *junge Huris mit schwellenden Brüsten und einem Becher mit Wein, bis an den Rand gefüllt.*"

Die schwellenden Brüste sind in Wirklichkeit *üppige, saftige Früchte*, wie Luxenberg ausführlich nachweist.

Die Huris entstammen also vollkommen dem Reich der Phantasie, aber damit nicht genug, es gibt auch noch ewig junge Knaben im Paradies, die den Frommen zur Verfügung stehen.

Sure 76:19: *„Ewig junge Knaben* [wildanun muhalladuna] *machen die Runde unter ihnen* [den Gläubigen] …"

Die „Knaben" weist Luxenberg als aramäisch für „Saft" oder „Wein" nach („Kind der Weinrebe" = Erzeugnis der Weinrebe = Saft oder Wein).

Muhalladuna bekommt durch Umsetzen eines einzigen Punktes (Unterpunkt statt Oberpunkt, aus *h* wird *g*) seine aramäische Originalbedeutung, nämlich *eiskalt, eisgekühlt.*

Es machen also statt *ewig junger Knaben* in Wirklichkeit *eisgekühlte Früchte* die Runde.

Eklatante Fehlübersetzungen der arabischen Editoren schufen ein Paradiesbild, das nicht nur für anzügliche Bemerkungen von Ungläubigen sorgte, nicht nur Hunderttausende Glaubenskämpfer erwartungsvoll in den Tod gehen ließ, sondern auch diametral zur ursprünglichen und wirklichen Aussage des Koran steht.

Dazu wird hier auch die Durchmischung von syrisch-christlichem und östlichem Gedankengut im Koran deutlich. Die Symbolfrucht par excellence des syrisch-christlichen Paradieses war die Weintraube, wie tausendfach dargestellt. Das war zugleich das Paradies der koranischen Urmaterialien.

In der späteren Version nimmt dieses recht bescheidene Paradies persische Ausmaße an: Ohne großäugige Jungfrauen ist das Paradies keines, und kein persisches Fest, das diesen Namen verdient, ist denkbar ohne die Hierodulen, die Knaben, die für Gesang und andere Gunstbeweise zuständig waren. Aus dem persischen *fairidaez* (Paradies) wird das arabische *faradis.* Diese

Änderung der originalen Texte ist nicht nur eine schlimme übersetzerische Fehlleistung aus späteren Zeiten, sondern eine Änderung des Paradieskonzepts insgesamt. Die koranische Paradiesdarstellung zeigt deutlich das kulturelle Spannungsfeld zwischen dem syrisch-christlichen Arabien und dem persischen Reich.[10]

Die gesamte „Kopftuchproblematik“ löst Luxenberg mit einer weiteren Präzisierung über das Aramäische auf.

Im Koran gibt es nur eine einzige Stelle, die scheinbar auf das Kopftuch Bezug nimmt.

Es ist die Sure 24, Vers 31:
Der ganze fragliche Satz lautet:
„Und sprich zu den gläubigen Frauen, dass sie ihre Blicke niederschlagen und ihre Scham hüten und dass sie nicht ihre Reize zur Schau tragen, es sei denn, was außen ist und dass sie ihr Tuch über ihren Busen schlagen und ihre Reize nur ihren Ehegatten zeigen oder ihren Vätern oder den Vätern ihrer Ehegatten oder ihren Söhnen oder den Söhnen ihrer Ehegatten oder ihren Brüdern oder den Söhnen ihrer Brüder oder den Söhnen ihrer Schwestern oder ihren Frauen oder denen, die ein Recht auf sie besitzen, oder ihren Dienern, die keinen Trieb haben, oder Kindern, die ihre Blöße nicht beachten.“

Die Kernpassage hat Max Henning[11] bereits recht frei übersetzt mit: „ihr Tuch über ihren Busen schlagen.“

Die Passage lautet im arabischen Koran: *„wa-l-yadrib-na bi-chumuri-hinna a la djuyubi-hinna.“*

Wörtlich heißt dies: *„Sie sollen sich ihr chumur über ihre Taschen schlagen.“*

Was ist das *chumur*, und welchen Sinn sollen die Taschen ergeben? Laut Tabari ist das *chumur* ein „Kopftuch“, das „Hals, Haar und Ohrgehänge“ bedecken muss. At-Tabari ist ein bedeutender Koraninterpret, auf ihn geht der überwiegende Teil der heute gängigen Interpretationen zurück. Tabari übersetzt den in Arabisch nicht verständlichen Begriff *chumur* mit *Kopftuch* und setzt, ohne Vorgaben zu nennen oder Gründe anzugeben, hinzu, dass dieses Kopftuch Haar, Hals und Ohrgehänge zu bedecken habe.

---

10 Über die christlich-syrische Prägung der arabischen Welt zum Entstehungszeitpunkt dieser Texte wird in diesem Buch später noch ausdrücklich berichtet.

11 Der Koran, Reclam, Ausgabe 2006.

Luxenberg weist nun die ominösen *chumur* (Singular *chimar*) als das aramäische *Band, Gürtel* nach. Weiter weist er nach, dass das Wort „schlagen" nur im Zusammenhang mit den Begriffen „Band, Gürtel" verwandt wurde, also eine Phrase bildete, die im Übrigen im heutigen Aramäisch noch in Gebrauch ist: „Das Band, den Stoffgürtel umschlagen." Und zwar um die Lenden und nicht um die „Taschen".

Der Satz heißt also in Wirklichkeit:
„Sie sollen sich ihre Gürtel um die Lenden binden."

Der Perser und arabische Philologe Tabari hatte nachträglich, um das Jahr 900, also 300 Jahre nach der kolportierten Zeit der Entstehung, in seinem Korankommentar[12] das im Arabischen nicht existente Wort *chumur / chimar* schlicht nicht verstanden. Ohne eine Erklärung zu liefern, interpretiert er es als „Kopftuch" und fügt ohne Begründung einfach hinzu, dieses Kopftuch „solle Hals, Haare und Ohrringe" verdecken. Von da an nahm die islamische Welt das Gebot zum Kopftuch als Befehl Gottes an. Es ist in Wirklichkeit nichts weiter als die persönliche Meinung at-Tarabis.

Der Bedeutungswandel dieses Begriffs wird auf bemerkenswerte Weise in einem Hadith dargestellt.[13] Danach sollten Aischa, die jüngste Frau des Propheten, und andere Frauen ihre Stoffgürtel in Kopftücher umgearbeitet haben, als der entsprechende Vers offenbart worden war. Hier spiegelt sich wohl im Zeitraffer die historisch-etymologische Begriffsverdrehung des Wortes *chimar* wider: vom Stoffgürtel zum Kopftuch.

Nach Luxenberg *„wären muslimische Frauen demnach berechtigt, die Authentizität des koranischen Wortlauts wiederherzustellen und aus den Kopftüchern, die man ihnen seit Jahrhunderten zu Unrecht aufgezwungen hat, wieder Gürtel zu machen."*

Wie kann es dazu kommen, dass arabische Editoren offensichtlich große Probleme mit einem arabischen Text haben? Mit einem Text, der angeblich „in reinem und klarem Arabisch zu den Menschen gekommen war"? Wie kann es geschehen, dass praktisch jede Sure zum Verständnis interpretiert werden

12 At-Tabari, „Tafsir al-Quran", Bd. XVIII, Kairo 1968.
13 Ibn Manzur, „Lisan al-Arab", X, 355a, Beirut 1955.

muss und dass viele Suren es leicht auf ein Dutzend verschiedene Interpretationen bringen?

Fragt man einen Linguisten nach der Sprache „Arabisch", kommt mit Sicherheit die Gegenfrage: „Welches Arabisch?"

Damals wie heute gab es eine Vielzahl arabischer Dialekte. Dazu kommt das klassische Arabisch, die *Arabiya*. Der Koran aber ist wieder in einer anderen Spielart abgefasst: dem Koranarabischen, das nur Spezialisten lesen können (die Frage, inwiefern sie es verstehen, überspringen wir anhand der oben aufgeführten Beispiele besser).

Welches Arabisch gab es vor der Abfassung des Koran? Es gab zahlreiche Dialekte, aber keine gemeinsame, verbindende arabische Standardsprache. Die vereinende Sprache der Zeit war das Aramäische, ganz ähnlich dem Latein im Altertum. Der Koran ist so stark mit dem Syro-Aramäischen durchsetzt, dass Luxenberg von der Existenz eines aramäischen Urkoran ausgeht. Ob dieser aramäische Urkoran existierte, wissen wir nicht, aber mit Sicherheit sind die dem Koran zugrunde liegenden Schriften zu einem erheblichen Teil aramäische Texte.

Gesprochen wurde im damaligen Arabien also Aramäisch und/oder der jeweilige arabische Dialekt, geschrieben wurde durchweg in Aramäisch. (Daneben war in der Bildungsschicht Griechisch recht verbreitet.) Die arabische Schrift entwickelte sich mit nabatäischen Elementen aus der aramäischen Schrift. Das Koranarabische hat es im 6. oder 7. Jahrhundert, der Zeit Muhamads und der behaupteten Herabsendung des Koran, jedoch nicht gegeben, weder in Sprache noch in Schrift, es entstand erst im 9. Jahrhundert.

Semitische Schriften bestanden nur aus Konsonanten. In der Aussprache setzte man Vokale nach Erfahrung. Aufs Deutsche übertragen, könnte man also *Rst* je nach Kontext lesen als *Rast, Rost, Rest, Rist, Erst, Erste* und was es sonst noch an Möglichkeiten gibt.

Was heißt *Lbnstnlst*?

Lieben ist eine Lust! Oder eher: *Leben ist eine Last?*

Das Früharabische bestand aus 15 Zeichen, von denen ihrerseits aber nur sechs Zeichen eindeutig waren. Von den übrigen Zeichen waren sieben zweideutig, ein Zeichen drei- und ein weiteres Zeichen sogar fünfdeutig. Die Schrift bestand also nur aus Konsonanten, die ihrerseits nicht alle eindeutig definiert waren, und Vokale wurden beim Lesen je nach Kontext und aus Erfahrung gesetzt.

Die Situation um die Zeit Muhamads war also die, dass es verschiedene regionale Dialekte gab, aber kein verbindendes „Arabisch". Eine arabische Schrift gab es erst in rudimentären Ansätzen, Literatursprache und -schrift war Aramäisch.

In späterer Zeit versuchten arabische Philologen die rudimentäre arabische Schrift durch das Setzen von präzisierenden Zeichen überhalb und unterhalb der Buchstaben, den sogenannten *diakritischen Punkten*, eindeutig zu machen.[14] Sie zeigen an, wie einzelne Konsonanten und das Konsonantengerüst insgesamt zu lesen ist: als *Lust, Last, Rest* oder *Rost*. Dieses Punktesystem war aber in den frühen Texten nicht vorhanden.

Es ist nun klar ersichtlich, welche Fehler durch das nachträgliche Setzen der diakritischen Punkte unterlaufen konnten, wenn man die alten Sprachen nur mehr ungenügend verstand. Und es wird klar, dass der „Umweg" über die Originalsprache, das Syro-Aramäische, in vielen Fällen die richtigen Resultate liefert.

Hier finden wir auch des Rätsels Lösung, warum die arabischen Koranexegeten so katastrophale Fehler machten. Sie konnten das Textmaterial, das sie bearbeiteten, nicht mehr richtig lesen. Sie verstanden das Aramäische nicht mehr richtig, weder in Sprache noch in Schrift. Ebenso wenig verstanden sie die verschiedenen Mischformen, die sich regional entwickelt hatten, wollten die Texte aber allen Arabern zugänglich machen.

Weil eine definierte arabische Sprache und Schrift fehlte, musste diese erstellt werden. Dies geschah ebenfalls im 9. Jahrhundert, durchgeführt von einer Gruppe von Editoren, deren prominenteste Mitglieder wir namentlich kennen, allen voran den bereits erwähnten Tabari. Es wird nun klar, dass diese Leute den Koran eigentlich nicht interpretierten, wie es so schön heißt, sondern in Wirklichkeit übersetzten und dazu noch die Sprachregeln für die Übersetzung selber festlegten. Es gab zahlreiche Übersetzungsfehler, wie wir wissen, trotzdem ist der Koran nach traditioneller Lehre in reinstem Arabisch und fehlerfrei.

Neben diesen systematischen Fehlern gab es jede Menge Versions- und Kopierfehler. In der handschriftlichen Verbreitung tauchten verschiedene Versionen auf, und es unterliefen Schreibfehler.

---

[14] Es sind Fälle bekannt, bei denen falsch gesetzte Punkte in Rezepten von Heilmitteln zu Todesfällen führten. Vgl. Rotraud Wieland, „Offenbarung und Geschichte im Denken moderner Muslime", Wiesbaden 1971.

Nehmen wir die Suren 50:12–14 und 26:176–177, wo die wegen Ungläubigkeit Bestraften aufgeführt werden: Neben Lut (dem biblischen Lot) sind es unter anderem die „Leute des Dickichts“ (*Ashab al Aykah*) und die „Leute des Brunnens“ (*Ashab ar-Rass*).

Al Aykah heißt *Dickicht*, mit den „Leuten des Dickichts“, wie es im Koran steht, weiß aber auch kein Korangelehrter so richtig etwas anzufangen.

Das Wort kommt viermal in der offiziellen Version des Koran von Kairo vor. Zweimal „korrekt“ mit dem Artikel *al* (Suren 15:78 und 50:14), also *Al Aykah*, zweimal aber (Suren 26:176 und 38:13) fehlt das a vom Artikel *al*. Das Wort wird dann gelesen als *Laykah*.

Al Aykah? Oder *Laykah?*

In einer frühen Handschrift aus Sanaa findet sich die Schreibart *Laykah* an der Stelle, wo die Kairoer Ausgabe *Al Aykah* schreibt. Abu Ubaydah (9. Jahrhundert) sieht in Laykah einen Ort, ebenso Abu Hayyan al-Garnati (14. Jahrhundert). Letzterer betrachtet eine andere Lesart sogar „beinahe als Abfall vom Glauben, was Gott verhüten möge“.

Genau diese andere gotteslästerliche Lesart hat sich der gegenwärtig offizielle Koran zu eigen gemacht.

Die Korangelehrten stecken damit gleich doppelt in einer Zwickmühle, denn sie müssten zugeben, dass die „korrekte“ Version im offiziellen Kairoer Koran falsch ist oder dass bei der „nicht korrekten“ Version ein Schreibfehler vorliegt. Beides ist nicht vorgesehen, denn der Koran ist ja nach offizieller Lesart von Muhamad bis heute fehlerlos tradiert worden.

Das Beispiel macht zugleich deutlich, welchen Unterschied ein gesetzter oder unterlassener Strich oder diakritischer Punkt machen kann.

Die moderne – nichtislamische – Forschung sagt uns, dass *Laykah* die sinnvolle Lesart darstelle, denn damit sei nichts anderes als der bekannte antike Rotmeerhafen *Leuke Kome* gemeint. Die *Ashab ar-Rass*, die „Leute des Brunnens“, seien dann die schon von dem Geographen Ptolemäus genannten „Arser“ nördlich von Yanbu an der Rotmeerküste.

Auch *Ibrahim* (54-mal im Koran) ist nichts weiter als eine – erstaunliche – spätere Fehllesung von *Abraham* (15-mal im Koran).

Es existieren Fragmente von Koranhandschriften aus „frühislamischer“ Zeit (Leiden, Staatsbibliothek Berlin), die eindeutig Korrekturen aufweisen. Buchstaben und ganze Wörter wurden ausradiert, korrigiert oder neu eingesetzt.

Fehler sind bei handschriftlichen Kopien eine wohlbekannte und ganz normale Erscheinung – ganz besonders bei arabischen Texten, wo ein falscher oder unklarer Strich oder ein unterlassener oder falsch gesetzter Punkt einen substanziellen Unterschied in der Bedeutung ausmachen kann. Zu den Irrtümern kommen bewusste Änderungen, denn Machthaber aller Zeiten waren daran interessiert, ihre Sicht der Dinge in den göttlichen Schriften repräsentiert zu finden. Ubaydallah, der Gouverneur Mesopotamiens, hat nach eigenem Bekunden 2000 Alif („a“) in einen Korantext einkorrigiert.

Die gesamte Geschichte des Koran ist bis auf den heutigen Tag ein Streit um die richtige Lesart. Der Grund dafür ist, dass die Urtexte des Koran eben nicht in Arabisch verfasst wurden. Dass dies ständig und penetrant behauptet wird, macht die Sache nicht richtiger.

Luxenberg steuerte einen weiteren Beweis bei, als er in der aramäischen Lesart des Koran auf eine erzchristliche Tradition stieß. Er sieht in Sure 97 die Weihnachtsgeschichte.

Die Sure besteht aus fünf Versen und lautet in traditioneller Übersetzung:

1. Wir haben ihn in der Nacht der Bestimmung hinabgesandt.
2. Aber wie kannst du wissen, was die Nacht der Bestimmung ist?
3. Die Nacht der Bestimmung ist besser als tausend Monate.
4. Die Engel und der Geist kommen in ihr mit der Erlaubnis ihres Herrn hinab, lauter Logoswesen.
5. Sie ist (voller) Heil, bis die Morgenröte sichtbar wird.

Die zusammenfassende Kommentierung von Tabari: „*Der Koran ist in dieser Nacht in den unteren Himmel herabgekommen. Je nach Bestimmung sandte Gott etwas davon auf die Erde herab, bis der Koran vollendet wurde. Zwischen Anfang und Ende der Offenbarung bestanden zwanzig Jahre. Der Anfang des Koran ist in dieser Nacht heruntergekommen.*“

Tabari meint also, dass mit *ihn* „er“, der Koran, gemeint sei. Wie kommt er zu dieser Meinung, die aus dem Kontext nicht zu erschließen ist?

Luxenberg weist nun nach, dass im Aramäischen „Bestimmung“ *Schicksalsbestimmung durch Geburt, Geburtsstern, Weihnachten bedeutet.* Wer zu Weihnachten herabgesandt wurde, wäre demnach *Jesus* und nicht der *Koran*. Tabari muss

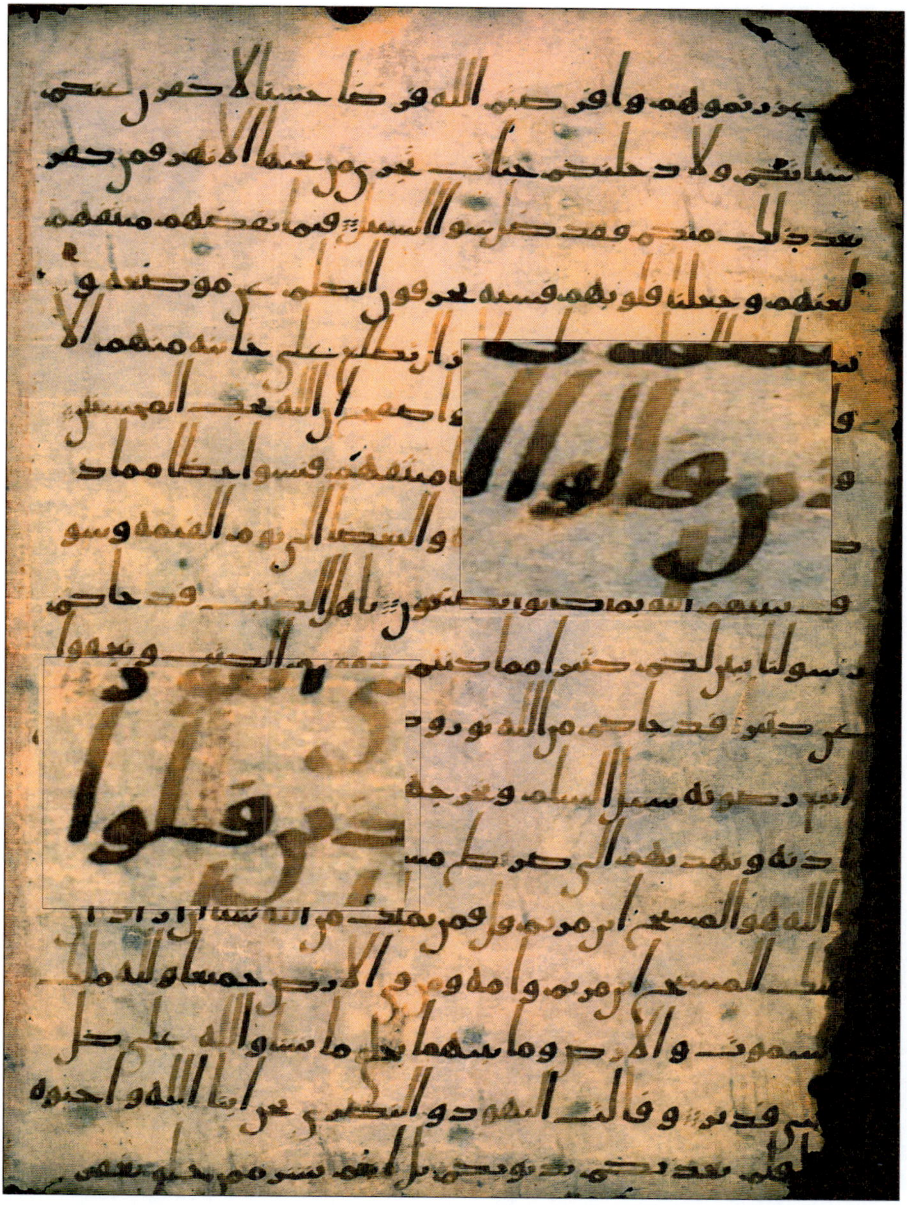

Frühe Koranhandschrift, noch ohne Zeichensatz. Dieses Blatt weist Verschreibungen bei ein und demselben Wort auf. Unten wurde ein Alif entfernt, seltsamerweise aber oben eingeflickt. Foto: Staatsbibliothek Berlin

gemerkt haben, dass ein Stern im Spiel ist, denn er lässt den Koran in den unteren Himmel, also in die Sternensphäre des koranischen Himmels herabsteigen.

Vers 3: Die Nacht der Bestimmung ist besser als tausend Monate.

Leyla (Nacht) ist im Aramäischen nach Luxenberg keineswegs ein *Terminus technicus*, sondern ein liturgischer Begriff im Sinne von „Nachtgebet", entsprechend der lateinischen „Nokturn". Mit den *Monaten* sei keineswegs das arabische *shahr* (Monat) gemeint, vielmehr der aramäische, liturgische Fachausdruck *shara*, was *Vigilien* bedeutet, also die Nachtwachen vor einem hohen Feiertag.

In Vers 4 derselben Sure „kommen die Engel herab, lauter Logoswesen".

Nach Luxenberg kommen vom Logos, dem Geiste, begleitete Engel mit „Hymnen" herab: also der bekannte „Chor der Engel".

Die ganze Sure liest sich also nach Luxenberg:

1. Wir haben ihn (= den Jesusknaben) in der Nacht der Schicksalsbestimmung (= des Geburtssterns, Weihnachten) herabkommen lassen.
2. Was weißt du, was die Nacht der Schicksalsbestimmung ist?
3. Die Nacht (= die Nokturn) der Schicksalsbestimmung ist gnadenreicher als tausend Vigilien.
4. Die Engel, vom Geiste (begleitet), bringen darin mit Erlaubnis ihres Herrn allerlei Hymnen herab.
5. Friede ist sie bis zum Anbruch der Morgendämmerung.

Man braucht nur „er/ihn" im Kontext der von Luxenberg postulierten Wortbedeutungen lesen, und schon kommt eine ganz andere Bedeutung zum Vorschein: nämlich die Weihnachtsgeschichte (was im Übrigen bereits mehrere Forscher vor Luxenberg vermutet hatten).

Nebenbei stellt Luxenberg richtig, dass die koranischen *tanazzalu* (Engel) korrekt die *tunazzilu* sind – der Teufel steckt wiederum im Detail winziger, nachträglich falsch gesetzter diakritischer Punkte.

Eine weitere „dunkle", das heißt nicht verstandene Sure ist die Sure 108. Für Luxenberg[15] ist sie eine Fehllesung der aramäischen Version des Petrusbriefes (Kapitel 5, Verse 8–9) und zweifellos vorkoranisch. Der Text *„gehört zu jenem*

[15] Christoph Luxenberg, „Die Syro-Aramäische Lesart des Koran", Berlin 2007, S. 304 ff.

Grundstock, aus dem der Koran als christlich-liturgisches Buch (qeryana) ursprünglich bestand". Nach seiner Meinung fällt alles darunter, was man traditionell zur „ersten mekkanischen Periode" rechnet.

Die Herabsendung des Koran in der Schicksalsnacht zeigt ebenso deutlich wie die komplette Fehlübersetzung der Zustände im Paradies und das Entstehen der Kopftuchforderung, auf wie wackeligen Beinen die traditionelle Koraninterpretation steht: In vielen Fällen handelt es sich um nichts weiter als um die Privatmeinung der Herren Tabari und anderer – heute als das Wort Gottes verabsolutiert.

Luxenberg zeigt des Weiteren deutlich, dass Koraninterpretation keineswegs bei Arabisten in guten Händen ist, denn die Ursprache des Koran ist nicht Arabisch, sondern Aramäisch. Und es wird immer deutlicher, dass der Koran christliche Wurzeln hat.

Moses wird im Koran 136-mal genannt, Jesus 24-mal, Maria 34-mal – und Muhamad viermal. 1999 wurde bei einem Wikinger-Fund eine arabische Münze aus dem Jahr 766 entdeckt – also 130 Jahre nach „Muhamad" geprägt – mit der Aufschrift *Musa rasul Allah* („Moses ist der Gesandte Gottes"). Moses, Jesus und Maria (zusammen 194 Nennungen) sind im theologischen Teil des Koran in sehr großem Umfang präsent. Forscher kommen zu dem Schluss, dass der theologische Teil des Koran im Wesentlichen aus christlichem Gedankengut besteht.

Der ursprüngliche Koran selber sieht sich keineswegs als eigenständige Schrift im Sinne eines heiligen Buches einer neuen Religion. *Quran, Koran* kommt vom aramäischen *Qeryana,* was „Lektionar" bedeutet, also ein liturgisches Buch, das ausgewählte Texte aus der *Schrift,* also dem Alten und dem Neuen Testament enthält. Mehrere Suren machen deutlich, dass sich der Koran als *Teil der Schrift* verstand, aber niemals als *die Schrift selber.* Man darf „Koran" in der Frühzeit auch nicht als Name auffassen, wie wir es gewohnt sind, sondern einfach als Begriff für ein liturgisches Buch.

In Sure 75:17 heißt es: *„Uns obliegt es, das Lektionar durch Exzerpte aus der Schrift zusammenzustellen und zu lehren."*

41:3 wird in der traditionellen Version gelesen: *„Eine Schrift, deren Verse auseinandergesetzt sind als ein arabisches Buch."*

Das benutzte arabische Wort *fassal,* das „auseinandersetzen" im räumlichen Sinne meint, bedeutet nach Luxenberg in der aramäischen Wurzel „übertragen, übersetzen". Die Sure heißt also präzisiert:

„Eine Schrift, die wir in eine arabische Lesart übertragen haben."

Es ist damit klar die Übersetzung aus einer anderen *Schrift* (sprich: einem anderen Buch) gemeint. Und mit „Arabisch" ist sicher nicht die Sprache gemeint, die 200 Jahre später von Lektoren wie Tabari als solche definiert wurde.

Den gleichen Gedanken äußert Sure 19:97: *„Wir haben diese Schrift* [das Lektionar] *deshalb in deine Sprache übersetzt, damit du sie den Gottesfürchtigen verkündest."*

Qeryana, das liturgische Buch, war ursprünglich ein Exzerpt des Alten und Neuen Testamentes für die arabischen Christen. Dem christlichen Grundmuster gesellten sich im Laufe der Zeit zahlreiche lokale Traditionen hinzu, etwa die ausführlichen rechtlichen Erörterungen in den sogenannten medinischen Suren. Auch das alte arabische Heidentum hat massiv Eingang gefunden, besonders in den Riten: die Mondsichel der Mondgöttin Allat[16] als Symbol und die Kaaba als ihr angestammtes Heiligtum, die jährliche Wallfahrt, der Freitag als heiliger Tag der altarabischen Göttin Uzza. Die ursprüngliche theologische Aussage wurde fast zur Unkenntlichkeit entstellt durch die redaktionelle Bearbeitung späterer arabischer Editoren vornehmlich im 9. Jahrhundert. Sie sammelten alles, was an Schrifttum und mündlichen Traditionen verfügbar war. Da sie aber mit ihren Unterlagen sprachlich oft nicht mehr zurechtkamen, lieferten sie den bekannten Wust an Interpretationen. Ein klarer Hinweis darauf, dass die ihnen vorliegenden Texte in einer Sprache abgefasst waren, die sie nicht mehr genügend verstanden.

Diese Editoren waren zugleich Grammatiker. Was sie in ihren Schulen in Kufa und Basra schufen, war nichts weniger als das Koranarabische und die arabische Schrift. Jetzt erst war das *Qeryana* zum *Koran* geworden, der Koran in Schrift und Inhalt geschaffen worden.

Mit den verschiedenen Auslegungen und Interpretationen war es damit allerdings nicht zu Ende, zu groß war der Spielraum, den die Bearbeiter offengelassen hatten. Es gab bald Hunderte konkurrierender Koranausgaben, und es gibt sie heute noch.

1924 gab die Al-Ahzar-Universität von Kairo eine Ausgabe des Koran heraus, die mit dem Othmanischen Koran identisch sein sollte. Es gibt aber

[16] Sure 53:19–20 nennt die ursprünglichen Göttinnen der Kaaba Allat, Uzza und Manat. Vers 23 stellt klar, dass ihnen Allah keine Macht gegeben hat. Dass man aber gut daran täte, ihre Hilfe zu erflehen, sollen die ursprünglichen, später ausgetauschten Verse 21 und 22 ausgedrückt haben, die berühmt-berüchtigten ***Satanischen Verse***.

keinen Othmanischen Koran. Was man in Wirklichkeit überprüfte, war eine der Versionen der irakischen Überarbeitung aus dem 9. Jahrhundert. Man überprüfte die Richtigkeit der Grammatik und der Semantik und kam zu dem Schluss, der vorliegende Koran sei sprachlich und inhaltlich vollkommen korrekt. Dass man die Texte anhand derselben Regeln überprüfte, die die Überprüften selber aufgestellt hatten, wurde nicht bemerkt – einer der schönsten Zirkelschlüsse der Geschichte. Es wurde festgestellt, der vorliegende Koran sei die identische Version des „Othmanischen Koran" und damit das Original Muhamads, das ja wiederum die identische Kopie des im Paradies aufbewahrten Originals „in reinstem Arabisch" sein soll. 1924 wurde dieser als „authentisch bewiesene Koran von Kairo" zur einzig autorisierten Vorlage für alle weiteren Drucke des Koran der sunnitischen Muslime.

Bibelkritik gibt es seit Jahrhunderten. Im Bewusstsein der Problematik handschriftlicher Verbreitung eines Buches über einen großen Zeitraum gab es seit Langem das Bestreben, die originalen Glaubensinhalte zu erschließen. Dazu bemühte man sich, möglichst zeitnahe Texte aufzufinden. Über die Jahrhunderte hinweg durchkämmten Forscher, Gelehrte, vom Glauben Beseelte und Abenteurer auf der Suche nach den originalen Heiligen Schriften den Orient. Durch gezielte Suche fand etwa der sächsische Edelmann Konstantin von Tischendorf, im Auftrag und auf Rechnung des Zaren unterwegs, 1844 im Sinai-Kloster eine Bibel-Handschrift aus dem 4. Jahrhundert.[17]

Bestens ausgebildete Mönche verglichen die verschiedenen Texte und versuchten die ursprüngliche Bedeutung herauszufiltern. Nicolaus Cusanus (1400–1458) schlug vor, den Koran nach ursprünglichen Inhalten aus den Evangelien zu untersuchen. Martin Luther hielt wenig davon, weil die Texte bereits untrennbar vermischt seien. Dies macht deutlich, dass im wissenschaftlichen Korpus der Kirche die Grundlagen des Koran als christliche gesehen wurden.[18]

Alle Koranexegese aber bezieht sich, sämtliche sachliche Einwände missachtend, auf die Ausgabe von Kairo und deren Referenzen. Diese sind jedoch, wie

---

17 Er fand auch einen Schutzbrief des Propheten Mohammed für das Kloster, unterzeichnet mit seinem Handabdruck. Das Dokument entpuppte sich als pure Fälschung, hat aber wohl dem Kloster das Überleben inmitten seiner feindlichen Umgebung gesichert.

18 Man kann davon ausgehen, dass dies auch heute noch so ist, namentlich unter dem wissenschaftsorientierten Papst Benedikt XVI.

dargestellt wurde, die Zusammenfassungen der Schriften aus dem 9. Jahrhundert, die ihrerseits keine Primärquelle darstellen. Quellenforschung, eine der grundlegenden wissenschaftlichen Instrumente, ist nicht existent. Was man betreibt, ist selbstgefällige Nabelschau und nicht kritische Betrachtung auf wissenschaftlicher Ebene, was bei historischen Fragen auch von einer Religion zu fordern ist. Als einzige Buchreligion leistet sich der Islam den Luxus, neu aufgetauchte Texte und neue Forschungsergebnisse zu ignorieren. Das Resultat ist, dass sich die historische Sachkompetenz inzwischen außerhalb der Religionsgemeinschaft bei „Ungläubigen" befindet.

Der Koran kam nicht von einem Tag auf den anderen in die Welt, wie die fromme Legende uns das weismachen will. Wie alle heiligen Bücher hat auch der Koran einen langen Werdegang mit vielen Modifikationen hinter sich. Syro-aramäische Urtexte, aramäisch-arabische Übergangsformen, das *Qeryana* der arabischen Christen, persische Einflüsse, lokale Traditionen, vielfältige arabische Bearbeitungen: Das alles macht den *Koran* aus. Etwa 25 Prozent des Textes sind, wie wir wissen, vollkommen fehlübersetzt (die sogenannten und ganz offiziellen „dunklen Stellen"). Wie man aufgrund der noch wenigen, aber schlicht spektakulären Resultate der gerade beginnenden wissenschaftlichen Koranforschung annehmen darf, dürften die Fehllesungen weit mehr als 50 Prozent des Inhalts ausmachen. Es gibt eine Vielzahl von Handschriften, die überhaupt noch nicht untersucht wurden, und man kann mit dem Auftauchen noch weiterer bislang unbekannter Texte rechnen.

Die erste Druckversion in Arabisch gab es 1802.[19] Das heißt, über zwei Drittel seiner Geschichte hinweg wurde der Koran handschriftlich verbreitet – mit den dafür typischen Fehlern. Nicht zwei handschriftlich kopierte Texte solchen Umfanges sind identisch. Dies ist kein koranischer Sonderfall, alle Bücher dieser Art, die über einen so langen Zeitraum überliefert wurden, haben das gleiche Schicksal. Nur, man hat ein riesiges Problem, wenn man für den auf uns überkommenen Text – von „Muhamad" bis Kairo 1924 – vollkommene Identität und Fehlerlosigkeit beansprucht.

Änderungen, Fehler, Fälschungen und Irrtümer sind zu Tausenden belegt. Nach islamischer Lehre ist jede Änderung am originalen Text eine Gotteslästerung. Nimmt man diese Aussage ernst, dann ist der heute offizielle Koran eine einzige Gotteslästerung.

---

[19] Kazan, Russland

Der Prophet Muhamad nach traditionellen Berichten

„Die Rede ist von einem Menschen mit vorzüglichsten Charaktereigenschaften und ungewöhnlichen, aber äußerst vorbildlichen Handlungsweisen. Die Ruhe und Geduld selbst.
Gibt es in Ihrer Umgebung bzw. in Ihrem Verwandten- und Familienkreis einen Menschen, von dem Sie so etwas behaupten können? Kennen Sie einen Menschen, der nie schimpft, schreit oder wütend wird? Immer geduldig, liebevoll und ruhig bleibt?
Ich kenne einen Menschen.
Die Rede ist von dem Propheten Mohammad – Friede und Segen auf ihm.
Wie sehr ich mir nur wünsche, ich hätte die Ehre gehabt, diesen wunderbaren Menschen zu kennen und zu seiner Zeit gelebt zu haben.
Mit Allahs Gnade darf ich zu der Ummah Mohammads – Friede und Segen auf ihm – gehören. Eine größere Gnade gibt es nicht für mich. Allah schickte uns einen so liebevollen, gütigen und fürsorglichen Propheten. Er war gerecht wie kein anderer und war stets darauf Bedacht, Gutes zu tun. Er war beliebt unter seinen Gefährten, aber trotz allem bescheiden und sogar bedürftig. Er besaß nicht viel an materiellen Dingen, aber war trotz allem dankbar und zufrieden. Es gab Tage, an denen er hungerte oder nur eine Dattel aß.
Einmal saß der Prophet und rezitierte den Quran und weinte bei einer Stelle, wo die Aussage des Propheten Issas zur Geltung kam: ‚Wenn du, Allah, ihnen verzeihst, dann weil du allvergebend bist.' Allah schickte den Engel Gabriel – Frieden auf ihn – zu ihm herab, und dieser fragte, wieso er weinen würde. Der Prophet Mohammad – Friede und Segen auf ihm – sagte, dass er wegen seiner Ummah weine. Er weinte wegen seiner Ummah! Er fürchtete um uns. Wie wichtig ihm seine Ummah war!"

Zitiert aus: muhamad.islam.de, 2009

Nach islamischer Tradition, und wie fast überall sonst nachzulesen, wurde Muhamad 570 in Mekka geboren und starb 632 in Medina. Er stammte aus der Sippe der Haschemiten vom Stamme der Kuraisch (*quraish*). Sein Vater hieß Abd Allah und war ein Ururenkel von Qusayy, dem Gründer Mekkas. Seine Mutter hieß Amina. Wie die meisten anderen Jungen hütete er Ziegen und Schafe, aber bald ist das erste Vorkommnis zu vermelden. Als er im Alter von zwölf Jahren eine Karawane nach Syrien begleitete, prophezeite ihm ein christlicher Mönch, er werde einst ein bedeutender Mann werden. Von seinen frühen Jahren wird sonst wenig berichtet, außer dass er Karawanen nach Norden und Süden mit solchem Genie führte, dass die reichste Frau Mekkas, Khadidscha, auf ihn aufmerksam wurde. Im Alter von 39 Jahren heiratete er die 55-jährige Khadidscha, mit der er sechs Kinder hatte. Bereits die Tatsache, dass Khadidscha noch mit 60 Jahren Kinder von Muhamad gebar, ist als erstes Wunder zu bewerten.

Das Arabien jener Zeit wurde von Beduinenstämmen beherrscht, es gab einige wenige Städte. Mekka an der Kreuzung von Handelsstraßen soll eines der wichtigen Zentren der arabischen Halbinsel gewesen sein. Die Stämme der Region verehrten eine Vielzahl von Naturgottheiten, es gab aber auch christliche und jüdische Gemeinden.

Der Stamm der Kuraisch, dem Muhamad angehörte, war der bedeutendste. Er siedelte in und um Mekka und verehrte als Hauptgottheiten Allat und Uzza – die Göttinnen des Mondes, des Morgensterns und der Fruchtbarkeit. Religiöses Zentrum war ein schwarzer Stein, der ursprünglich weiß gewesen sein soll, sich durch die Absorption der Sünden der Menschen aber dunkel färbte. Man nimmt heute an, dass es sich um einen Meteoriten handelt, obwohl er einer wissenschaftlichen Untersuchung bislang unzugänglich ist. Zu diesem heiligen Stein wurden jährliche Pilgerfahrten abgehalten, die einen wichtigen Einkommensfaktor für Mekka darstellten. Die Pilger umrundeten siebenmal den von kostbaren Tüchern umspannten heiligen Stein gegen die Sonne und verrichteten weitere rituelle Zeremonien. Da ja die Göttinnen auch für die Fruchtbarkeit zuständig waren, sollen die Pilger den Stein in früher Zeit nackt umrundet haben, später wurde ein spezielles rituelles Gewand angeordnet. Symbol Allats war der Sichelmond, das der Schwestergöttin Uzza der Morgenstern.

Durch die Heirat mit Khadidscha aller finanzieller Sorgen enthoben, widmete sich Muhamad der Religion. Er begann in der Wüste herumzustreifen, zu fasten und mystische Verse zu verfassen. Er kam nur noch gelegentlich nach Hause, um sich Verpflegung zu holen.

„In der Glut des Tages und während der klaren Wüstennächte, wenn die Sterne scharf genug schienen, um in das Auge einzudringen, wurde sein Wesen mit den Zeichen der Himmelskörper gesättigt, sodass er da schon als ein durchaus angemessenes Werkzeug einer Offenbarung, die diesen Zeichen innewohnt, hätte dienen können. Zu jener Zeit wurde er auf eine ungeheure Aufgabe vorbereitet, die ihm aufgelastet werden sollte, die Aufgabe des Prophetentums und die Übermittlung der wahren Religion Gottes zu seinem Volk und dem Rest der Menschheit."[20]

Als er eines Tages im heiligen Monat Ramadan am Berg Hira in einer Höhle übernachtete, in manchen Überlieferungen wird die Höhle Hira genannt, erschien ihm ein Engel. Muhamad identifizierte ihn als den Erzengel Gabriel, der schon Maria, der Mutter Jesu, erschienen war. Diese Nacht sollte fortan bei den Muslimen die „Nacht der Bestimmung" heißen.
Diese Begegnung schildert Muhamad nach Ibn Ishak so:
„Während ich schlief, kam Gabriel mit einer Decke aus Seidenbrokat, in welcher sich ein Buch befand, zu mir.

Er sprach: IQRA. [Lies!]
Ich sagte: Ich lese nicht!
Da würgte er mich mit dem Tuch, sodass ich vermeinte sterben zu müssen."

Dies wiederholte sich zwei Male, bis Muhamad las. Die erste Sure, Koran 96:1–5, war damit auf der Welt:
„Lies im Namen deines Herrn, der erschuf. Er erschuf den Menschen aus einem Blutklumpen. Lies, denn dein Herr ist allgütig. Der mit dem Schreibrohr lehrt, lehrt den Menschen, was er nicht wusste."
Dann erzählte er weiter:
„Ich aber erwachte, und es war mir, als wäre in mein Herz eine Schrift eingegraben worden."

Dieses Erlebnis versetzte ihn in einen Gemütszustand, der ihn sogar an Selbstmord denken ließ. Dann aber hatte er ein weiteres Erlebnis:

„Während ich auf dem Weg war, hörte ich plötzlich vom Himmel her eine Stimme und erkannte wieder den Engel, der damals am Hira zu mir gekommen war.

---

[20] Aus: islamreligion.com, 2009.

Muhamad als Prediger. Darstellung aus Ostpersien (heute Tadschikistan, Turkmenistan, Usbekistan) aus dem 13. Jahrhundert.

Erschrocken lief ich nach Hause und rief: Deckt mich zu!" [Weil ihn nämlich infolge des Schreckens Fieber befallen hatte – oder wollte er sich verstecken?]

Da offenbarte Gott die Worte:
„*Der du dich zugedeckt hast, steh auf und warne und preise die Größe deines Herrn und reinige deine Kleider und entferne dich von der Unreinheit des Götzendienstes.*" (Sure 74:1–5)

Die Offenbarungen wurden häufiger, die damit verbundenen Schmerzen größer. Die ungläubigen Kuraischiten höhnten: „Muhamad ist von seinem Herren verlassen worden."

Da sandte Allah die Suren 93:1–5 herab, um die Ungläubigen zu widerlegen:
„*Beim Morgen und bei der Nacht, wenn sie still ist! Dein Herr hat dir nicht den Abschied gegeben und hasst dich nicht. Wahrlich, das Jenseits ist besser für dich als das Diesseits. Und wahrlich, dein Herr wird dir geben und du wirst zufrieden sein.*"

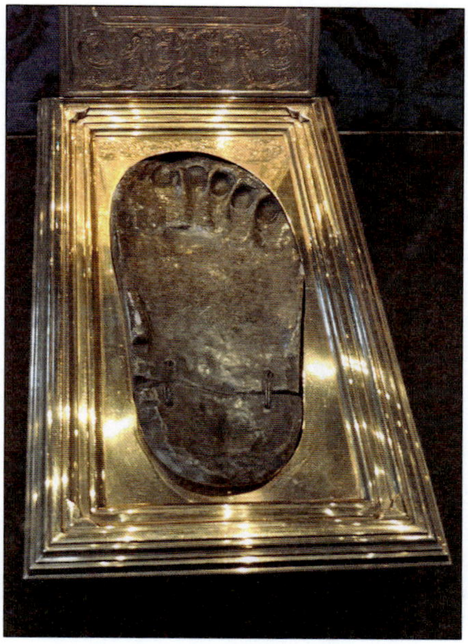

Die Höhle, in der Muhamad nach der Tradition die ersten Offenbarungen erhalten haben soll. In den unterschiedlichen Darstellungen wird der Berg oder die Höhle Al Hira genannt. Im Topkapi-Palast in Istanbul wird ein Fußabdruck des Propheten gezeigt.

Im Abstand von drei bis sechs Monaten (je nach Erzähler) empfing Muhamad die Offenbarungen Gottes. Seine Anhänger achteten penibel auf seine Worte und trennten sie je nach Anlass. Diejenigen Worte, die aus Offenbarungen stammten, bildeten den späteren Koran. Seine anderen Worte wurden in den *Hadithen* (Aussprüche) und der *Sira* (Lebensgeschichte) zusammengefasst.

Aber zunächst wurden die Offenbarungen Allahs entweder auswendig gelernt oder provisorisch niedergeschrieben auf Materialien, die gerade zur Verfügung standen.

Im Zentrum der Predigten Muhamads stand der Glaube an den einzigen Gott.

Sein Erfolg hielt sich jedoch in engen Grenzen. Seine Frau Khadidscha, sein Freund Abu Bakr, sein ehemaliger Sklave und einige wenige weitere Anhänger gehörten zu seiner ersten Gemeinde. Obwohl die Schar klein war, nahmen die Verfolgungen durch die Mekkaner und andere Kuraischiten stetig zu – predigte Muhamad doch gegen ihre Götter. Es gibt sehr ausführliche Beschreibungen dieser schwierigen Zeit.

Die Verfolgungen wurden schließlich so unerträglich, dass sich Muhamad entschloss, mit seiner Schar von nunmehr 80 Anhängern nach Abessinien ins Exil zu gehen. Dort wurde er vom König, dem „Christen Negus", freundlich empfangen. Die Mekkaner argwöhnten jedoch, Muhamad wolle sich mit dem Abessinier verbünden, und schickten eine Delegation, welche die Auslieferung Muhamads verlangte. Bei der Anhörung überzeugte Muhamad den König, dass er und seine Gemeinde denselben Gott wie die Christen anbeteten, und konnte das mit Koranversen belegen. Der König war zu Tränen gerührt, und mit seinem Ausruf „Wahrlich, das hat derselbe Gott geschrieben!" war das Tauziehen gewonnen. Die Muslime wurden nicht ausgeliefert, kehrten aber bald darauf aus freien Stücken nach Mekka zurück.

Die Gemeinde des Propheten wurde immer größer, die Auseinandersetzungen zwischen ihr und den heidnischen Mekkanern immer heftiger. Schließlich verboten die Mekkaner jeden Kontakt zur Sippe des Propheten, den Haschemiten, und schlugen den Erlass an der damals noch heidnischen Kaaba an. Am nächsten Tag war das gesamte Papier bis auf die Worte „Bismillah Allahu" von weißen Ameisen aufgefressen – ein weiteres Wunder war geschehen.

Bei der folgenden *Hajj,* der den Beduinen jährlich vorgeschriebenen Pilgerfahrt nach Mekka zur Verehrung des schwarzen Steins und der Umrundung der Kaaba, kamen auch Leute aus Yathrib, heute bekannt als Medina. Muhamad traf sich heimlich mit ihnen und bekehrte sie zum Islam. Die Mediner waren vorwiegend Juden und Christen, besaßen eine Schrift und waren daher dem neuen Glauben gegenüber wesentlich aufgeschlossener als die rückständigen Mekkaner. Anlässlich der *Hajj* des folgenden Jahres konnten sie Muhamad die erfreuliche Nachricht überbringen, dass er bereits über eine ansehnliche Anhängerschaft in Medina verfüge. Dies war nicht geeignet, die Beziehung zu den Mekkanern zu verbessern, die ein feindliches Bündnis dahinter vermuteten. Die Verhältnisse verschlechterten sich so sehr, dass die Anhänger des Propheten Nacht für Nacht in kleinen Gruppen die Stadt verließen und sich nach Medina absetzten.

Muhamad selber hielt aus, denn er wollte ohne den Befehl Gottes nichts unternehmen. Schließlich kam der Befehl, und Muhamad hieß seinen Cousin Ali seinen Umhang anzuziehen und sich in seinem Haus als Prophet getarnt aufs Bett zu legen. Er selber schlich sich mit Abu Bakr davon, und sie ritten mit ihren Rennkamelen Richtung Medina davon.

Dies geschah am 23. September 622. Es ist die *Hijra* – der „Auszug von Mekka nach Medina“ und der Beginn der islamischen Zeitrechnung.

Unterwegs baute Muhamad in Qubaa die erste Moschee des Islam, der getreue Ali hatte es inzwischen auch irgendwie dahin geschafft.

In Medina wurde der Prophet begeistert empfangen.

Auch hier baute er zuerst eine Moschee, dann wandte er sich wieder den Offenbarungen und der Lehrtätigkeit zu. Seine Zeit in Medina sollte die erfüllteste seines Lebens sein.

Zwischen seinen alten Anhängern, den *Muhadjirun,* und den Neumuslimen aus Medina, den *Ansar,* gab es bald Schwierigkeiten. Dank seiner diplomatischen Fähigkeiten bewerkstelligte Muhamad einen Bund zwischen den beiden Parteien, und die erste Gemeinschaft der Gläubigen *(Umma)* war entstanden. Die Regeln dieser Gemeinschaft galten von da an als Vorbild für spätere islamische Gemeinwesen und Staaten bis zum heutigen Tag. Auch dieses Abkommen fällt angesichts der unüberbrückbaren Gegensätze der beiden Gruppen bei manchen Biographen unter die Kategorie „Wunder“.

Aber mit den Problemen war es damit nicht zu Ende. Die Andersgläubigen, vor allem die Juden, waren immer noch die große Mehrheit in Medina, und der Prophet versuchte sie intensiv zum richtigen Glauben zu bekehren. Aber sie erwiesen sich als renitent und hatten auch handfeste Gründe dafür:

„Die Juden hatten auch wunderbar von den Streitigkeiten unter den arabischen Stämmen profitiert, denn es war die Unbeständigkeit in dieser Region gewesen, die sie die Oberhand in Handel und Versorgung hatte gewinnen lassen. Friede zwischen den Stämmen Medinas war eine Bedrohung für die Juden.“[21]

Muhamad argumentierte, er vertrete denselben Monotheismus wie sie, und verwies auch auf Jerusalem als Gebetsrichtung der Muslime. Die Juden erkannten aber seine Echtheit als Prophet nicht an, und die Spannungen zwischen den beiden Bevölkerungsgruppen nahmen zu. Darauf wandte Muhamad sich wütend von Juden und Christen ab, er berief sich nicht mehr auf ihre Propheten, sondern, gedeckt von einer neuen Offenbarung, auf den Stammvater Abraham:

„Abraham war weder Jude noch Christ, sondern er war Anhänger des reinsten Glaubens, ein Gottergebener, und er gehört nicht zu den Polytheisten.“ (Sure 3:67)

---

21 Aus: islamreligion.com, 2009.

Zugleich änderte er die Gebetsrichtung *(qiblah)* von Jerusalem nach Mekka, denn ihm war auch offenbart worden, dass die Kaaba, das heidnische Heiligtum dieser Stadt, in Wirklichkeit von Abraham für die Muslime gebaut worden war. In der Sure *al-Baqarah* („Die Kuh") wird davon berichtet. Den Juden konnten die Muslime fortan kein Vertrauen mehr entgegenbringen.

Weitere Probleme zu lösen gab es mit einem anderen Teil der Einwohnerschaft Medinas, angeführt von Muhamads hartnäckigstem Widersacher, dem berüchtigten Ubayy. Er und seine Leute hatten zwar den Islam angenommen – aber nur zum Schein! Im Geheimen bekämpften sie im Sold der Juden und Mekkaner den Propheten. Deshalb werden in den medinischen Suren des Koran häufig die „Juden" und die „Heuchler" zur Rechenschaft gezogen.

Die *Hijra* markiert eine klare Trennungslinie in der Geschichte des Propheten, wie im Koran sichtbar wird. Die Suren werden immer länger und beziehen sich vornehmlich auf Recht und allgemeine Anweisungen. Auch Muhamads Probleme mit den Ungläubigen in Medina schlagen sich in den medinischen Suren wieder. Bis dahin war er nur ein Prediger gewesen. Von nun an war er Kriegsherr und Staatsmann. Der Führer eines kleinen Staates, der aber innerhalb weniger Jahre zu einem arabischen Großreich heranwachsen sollte.

Die Situation in Mekka hatte sich indes weiter verschlechtert. Muslime wurden nun öffentlich verfolgt und gefoltert. Mehr noch, die Mekkaner hatten sich mit dem Heuchler Ubayy verbündet und dehnten nun ihre antimuslimischen Aktionen nach Medina aus.

Da erteilte Gott den Muslimen die Erlaubnis, ihre Waffen gegen die Ungläubigen zu erheben.[22]

13 Jahre lang waren sie Pazifisten gewesen. Jetzt aber brachen sie zu kleinen Expeditionen auf, die entweder vom Propheten selbst oder von einem seiner Unterführer geleitet wurden, um mekkanische Karawanen aufzuspüren und zu plündern, aber auch, um sich mit anderen Stämmen zu verbünden. So wollten die Muslime ökonomischen Druck auf die Kuraisch ausüben, damit diese ihre Verfolgung der Muslime in Mekka wie auch in Medina aufgäben.

Eines Tages wurde dem Propheten das Nahen einer großen, aus Syrien kommenden Karawane gemeldet. Er rief seine Leute zusammen und sagte:

---

[22] Sure 22:39.

„Es kommt eine Karawane der Kuraischiten mit ihren Gütern beladen, zieht ihr entgegen! Vielleicht wird Allah sie euch als Beute schenken.“ [23]

Auch dieser Coup gelang, und die Muslime hatten so großen Erfolg mit ihrer Taktik, dass die Mekkaner schließlich mit einem Heer von 1000 Mann gegen Medina zogen, um das Ärgernis zu beseitigen. Bei Badr kam es am 17. März 642 zum Kampf, „zu einer der wichtigsten Schlachten der Menschheitsgeschichte“ [24]. 1000 Mekkanern standen 300 Muslime mit 17 Kamelen und drei Pferden entgegen.

Mutlosigkeit machte sich bei den Muslimen breit, aber eine Nachricht von Gott traf bei Muhamad ein:

„Ich werde euch mit eintausend Engeln beistehen“ (Sure 54:45).

So abgesichert und befeuert, gewannen die Muslime die Schlacht.

Ganz Mekka taumelte unter diesem Schock, und in Schrecken versetzt traten zahlreiche Stämme eiligst zum Islam über. Aber die Mekkaner, im Bunde mit den Juden und den Heuchlern, gaben nicht auf, im nächsten Jahr erschienen sie mit der dreifachen Zahl an Kriegern. Eine weitere Schlacht, die allseits bekannte Schlacht von Uhud, endete unentschieden, sie stand tatsächlich auf Messers Schneide, weil die Beduinen und die Heuchler unter Ubayy die Seiten wechselten, aber dank des genialen Eingreifen Muhamads wurde die Katastrophe verhindert. Zwei weitere Schlachten gingen siegreich für die Muslime aus. Da willigten die Mekkaner schließlich einem zehnjährigen Waffenstillstand zu, dem berühmten „Abkommen von Hudaibiyyah“.

Aber die Mekkaner hielten sich nicht daran, und so blieb bereits zwei Jahre später Muhamad keine andere Wahl, als Mekka anzugreifen und zu erobern. Es folgten eine ganze Reihe weiterer Schlachten – teils unter seiner persönlichen Führung, teils unter der seiner bewährten Feldherren –, die den Islam schließlich auf der ganzen Halbinsel und in Syrien verbreiteten.

Muhamad schrieb auch Briefe an den byzantinischen Kaiser Herakleios, den persischen Großkönig und den Kaiser von Abessinien, mit der Aufforderung, zum Islam überzutreten.

Die Übergabe des Briefes an Herakleios in Jerusalem ist detailliert geschildert. [25]

---

[23] Aus: answering-islam.de, 2009.

[24] Aus: islamreligion.com, 2009

[25] Al-Bukhari, „Der Beginn der göttlichen Offenbarung“.

Danach berichtet Abdullah ibn Abbas, wie Abu Sufyan ibn Harb seine Begegnung mit dem byzantinischen Kaiser in Jerusalem schildert. Abu Sufyan war Nichtmuslim, aber vom Propheten mit der Übergabe des Briefes betraut worden:

„Die erste Frage, die Herakleios an mich richtete, war: ‚Welchen Rang nimmt seine Familie bei euch ein?‘

Ich antwortete: ‚Er gehört zu einer sehr angesehenen Familie.‘

Herakleios fuhr fort: ‚Hat bei euch jemals ein anderer Mann vor ihm behauptet, ein Prophet zu sein?‘

‚Nein.‘

‚War einer seiner Vorfahren König?‘

‚Nein.‘

‚Sind die vornehmen Menschen seine Anhänger oder die einfachen Leute?‘

‚Es sind Letztere.‘

‚Nimmt die Zahl seiner Anhänger zu oder ab?‘

‚Es werden mehr.‘

‚Hat sich jemand von seinen Anhängern aus Unzufriedenheit von seiner Religion abgewandt?‘

‚Nein.‘

‚Habt ihr ihn jemals der Unwahrheit verdächtigt, bevor er sich als Prophet bezeichnete?‘

‚Nein.‘

‚Hat er jemals sein Versprechen gebrochen?‘

‚Nein, aber schon seit einiger Zeit wissen wir nicht mehr, was er eigentlich tut.‘

(Abu Sufyan merkt an, dies sei vielleicht die einzig ungünstige Antwort gewesen.)

‚Habt ihr gegen ihn gekämpft?‘

‚Ja.‘

‚Welchen Verlauf haben diese Auseinandersetzungen gehabt?‘

‚Manchmal war er erfolgreich, manchmal wir.‘

‚Welche Vorschriften hat er euch gemacht?‘

‚Er sagte: Dient allein Gott, und gesellt ihm niemand als Teilhaber an seiner Göttlichkeit bei. Wendet euch von dem ab, was eure Vorfahren geglaubt haben. Außerdem hat er uns das Gebet, die Aufrichtigkeit, die Sittsamkeit und die Wohltätigkeit zur Pflicht gemacht.‘

In einer langen Antwortrede interpretiert Herakleios beeindruckt das Gehörte, sagt dem Propheten den Besitz seines Reichsgebietes voraus und schließt mit den Worten: ‚Ich wusste, dass ein Prophet erscheinen wird, aber ich dachte nicht, dass es einer von euch sein würde. Wüsste ich, dass ich zu ihm gelangen kann, ich würde alles daransetzen, ihn zu treffen. Wäre ich bei ihm, ich würde ihm die Füße waschen.'

Dann verlangte er Muhamads Brief zu sehen und verlas den Wortlaut:

‚Im Namen des barmherzigen und gnädigen Gottes!

Von Muhamad, dem Diener und Gesandten Gottes, an Herakleios, den Kaiser von Byzanz.

Friede sei mit dem, der der rechten Leitung folgt!

Ich fordere Dich auf, zum Islam überzutreten. Werde Muslim, und Gott wird es Dir doppelt lohnen! Weigerst Du Dich aber, so wirst Du die Vergehen Deiner Untertanen zu verantworten haben. Gott der Erhabene hat gesagt: Ihr Leute der Schrift! Kommt herbei zu einem Wort des Ausgleichs zwischen uns und euch, nämlich dass wir allein Gott dienen und ihm nichts als Teilhaber an seiner Göttlichkeit beigesellen, dass nicht die einen von uns die anderen an Gottes statt zu Herren nehmen. Aber wenn sie sich abwenden, so sagt: Bezeugt, dass wir uns dem Willen Gottes ergeben.'"

Großer Schrecken verbreitete sich im Gefolge des Kaisers, und dieser sandte den Brief an seine Berater nach Konstantinopel, um ihre Stellungnahme einzuholen. In dieser wurde dann bestätigt, der Prophet sei erschienen, und es sei auch tatsächlich ein Prophet.

Darauf sprach Herakleios zu den Versammelten:

„Ihr Byzantiner! Sucht ihr die Glückseligkeit und die rechte Leitung? Wollt ihr, dass eure Herrschaft weiter besteht? Dann müsst ihr diesem Propheten folgen!"

Die Reaktion seiner Würdenträger beobachtend, gab er alle Hoffnung auf, dass sie sich zum Islam bekennen würden. (Es gibt aber auch die Meinung, dass Herakleios nur die Loyalität seiner Würdenträger testen wollte.)

Jedenfalls hatte Herakleios, Kaiser von Byzanz, seine Chance, und er hat sie vertan.

Von einer Wallfahrt aus Mekka nach Medina zurückgekehrt, war Muhamad mit der Vorbereitung von Feldzügen gegen Byzanz, Syrien, Persien, Ägypten und Nordafrika beschäftigt, als er überraschend erkrankte und verstarb, im Alter von 60, 63 oder 65 Jahren, je nach Überlieferung. Er hinterließ, je nach Überlieferung, 9 bis 23 Frauen, zahlreiche Sklaven und ein großes Vermögen.

Einen Sohn gab es trotz der vielen Frauen seltsamerweise nicht, was für die Religionsgemeinschaft sehr große Probleme mit sich bringen sollte. Sofort nach Muhamads Tod brachen Erbstreitigkeiten aus, seinen Ehefrauen und seiner Tochter Fatima wurde die Erbberechtigung abgesprochen. Ali, erster Erbanwärter, wurde von einer rivalisierenden Partei ermordet. Das war die erste Spaltung des Islam, denn die „Partei Alis", die „Schia", war von da an in Form der „Schiiten" eine eigene Religionsgemeinschaft.

Dies ein ganz kurzer Abriss des Lebens des Propheten. Die traditionellen Schilderungen enthalten uns auch nicht ein Detail aus seiner Vita vor, sie füllen ganze Bibliotheken. Die Unterschiede in den einzelnen Darstellungen sind allerdings beachtlich.

Es ist daher an der Zeit, sich den Fakten zuzuwenden.

Der historische Muhamad

„Unter den Frommen hat die Archäologie keine Freunde."

Volker Popp, Islamwissenschaftler und Numismatiker

Muawiya ist der erste Kalif der berühmten Omayaden-Dynastie. Er trat seine Regentschaft 641, neun Jahre nach dem Tod Muhamads, an und gehörte zur Generation der ruhmreichen islamischen Eroberer, die in wenigen Jahrzehnten den gesamten damaligen Orient unterworfen und einem islamischen Großreich angegliedert haben sollen. So sagt es wenigstens der traditionelle islamische Bericht.

In Taif, östlich von Mekka (im heutigen Saudi-Arabien), gibt es eine Inschrift von Muawiya. Er bezeichnet sich darin als *Amir al-Muminin*. In der islamischen Tradition führte bereits Ali, der Schwiegersohn des Propheten und Vorgänger Muawiyas, diesen Titel. Er wird traditionellerweise übersetzt als *Fürst der Gläubigen*. Unter den *Gläubigen* werden wie selbstverständlich die Muslime verstanden.

Von Muawiya gibt es noch eine weitere Inschrift in den Thermen von Hamat Gader (Israel), und zwar in Griechisch.

„In den Tagen des Gottesknechtes Maavia, des Vorstehers der Schutzgewährer, wurden die Thermen gerettet und renoviert … im sechsten Jahr der Indikation, im Jahr 726 der Stadtgründung, im 42. Jahr nach den Arabern, zur Heilung der Kranken, unter Aufsicht des Johannes, dem Magistrat von Gadara."

Widmung des angeblich islamischen Kalifen Muawija anlässlich der Renovierung der römischen Thermen von Gadara.

+ΕΠΙΑΒΔΑΛΛΑΜΑΑVΙΑΑΜΗΡΑ
ΑΛΜȣΜΕΝΗΝΑΠΕΛVΘΗΚSΑΝΕ
ΝΕωΘΗΟΚΑΙΒΑΝΟCΤωΝΕΝΤΑV
ΘΑΔΙΑΑΒΔΑΛΛΑVΙȣΑΒȣΑCΕΜȣ
CVΜΒȣΛȣΕΝΜΗΝΗΔΕΚΕΜΒΡΙω
ΠΕΜΠΤΗΗΜΕΡΑΔΕΥΤΕΡΑΙΝΔ^{s}S
ΕΤȣCΤΗCΚΟΛωΝ^{s}S̄K̄ΨΚΑΤΑΑΡΑΒΑ
ΕΤȣCΜ̄Β̄ΕΙCΙΑCΗΝΤωΝΝΟCȣΝ
ΤωΝCΠȣΔΗΙωΑΝΝȣΜΓΑΔΑΡΗΝȣ

Der Text beginnt mit einem Kreuzzeichen. Religiöse Floskeln zur Einleitung waren üblich, oft wurden sie durch ein Symbol ersetzt, in diesem Fall durch ein Kreuz.

Neben diesem, für einen muslimischen Herrscher eher irritierenden Symbol, fällt dem Historiker auf, dass der *Amir al-Muminin*, der „Fürst der Gläubigen", in der griechischen Version der „Vorsteher der Schutzgewährer" ist – keine Spur vom Fürsten der Muslime.

Mit diesem „Vorsteher der Schutzgewährer" hat es im alten Orient seine spezielle Bewandtnis. Alle Potentaten der Zeit führten ihre Berechtigung als Herrscher auf eine Funktion der „Schutzgewährung" zurück. Die jeweilige Persönlichkeit musste natürlich in der Lage sein, den Untertanen und ihrer Habe Sicherheit zu gewähren. Aber mehr noch: Verbunden mit dieser Position der Schutzgewährung war immer auch eine heilige Stätte, die es ebenfalls zu schützen galt. Der Schutz eines Heiligtums war Legitimation zur Ausübung von Macht. Dies galt für den gesamten Orient, ob byzantinisch, persisch oder arabisch – ohne Schutzgewährung keine legitime Herrschaft.[26] Zu Heiligtümern gab es zu allen Zeiten in Arabien regen Pilgerverkehr, was zugleich einen wichtigen Wirtschaftsfaktor darstellte.

Was war Muawiyas heilige Stätte? Es war seine Residenzstadt Damaskus, die als Heiligtum das Grab Johannes des Täufers beherbergte. Anziehungspunkt war zu seiner Zeit das Haupt des Täufers, das als kostbare Reliquie in der Krypta der Johannesbasilika aufbewahrt wurde. Damaskus war zur Zeit Muawiyas zusammen mit Jerusalem das wichtigste Pilgerziel, wie wir aus zahlreichen Quellen wissen.

Muawiya mag Damaskus und nicht Mekka aus praktischen Gründen als Residenz gewählt haben. Aber warum übt er seine prestigeträchtige Schutzfunktion nicht über das islamische Heiligtum Nummer eins aus, nämlich die Kaaba in Mekka, die höchstmögliche Rechtfertigung für einen muslimischen Kalifen? Warum das Heiligtum Johannes' des Täufers?

Von Muawiya gibt es Münzfunde aus Darabgerd, der iranischen Provinz Fars, die ebenfalls zu seinem Machtbereich gehörte. Die Schrift auf diesen Münzen folgt der persischen Tradition. Muawiya firmiert hier nicht in Arabisch, sondern unter seinem syrisch-aramäischen Originalnamen Maavia, wie übrigens auch in der Inschrift von Gadara. Sein Titel lautet in Pahlavi *Amir-i Wlwyshnyk'n*, das bedeutet „Vorsteher der Schutzgewährer".

[26] Die saudische Dynastie führt auch gegenwärtig als wichtigsten Titel den der „Beschützer und Bewahrer der heiligen Stätten", gemeint sind Mekka und Medina.

Genau das ist sein offizieller Titel in Persisch, Griechisch und Aramäisch.

Die Interpretation als „Fürst der Muslime" ist reine Erfindung und nirgendwo historisch belegt, obwohl sie in der traditionellen Literatur immer wieder benutzt wird. Diese Darstellung wurde in der Folge offenbar ohne Prüfung einfach weiter übernommen. Dies ist für den weiteren Verlauf ein sehr wichtiger Punkt, den es festzuhalten gilt.

„An diesem Punkt bereits", so der Wissenschaftler Volker Popp, *„wird deutlich, wie sehr der islamische Gebrauch dieses Titels den Zugang zu den spezifisch arabischen Elementen der Frühgeschichte des Islam verstellt."*

Maavia hatte offensichtlich kein Problem, sich in aramäischer, persischer und griechischer Sprache zu manifestieren. Schließlich lebte er in einem griechisch-persischen Umfeld, war geborener Syrer, seine Muttersprache war damit Aramäisch, er wird aber ebenso griechisch und persisch gesprochen haben. Sein Reich umfasste die heutigen Staaten Syrien, Irak und Iran.

In islamischer Tradition ist er, der erste Omayaden-Kalif, selbstredend ein Muslim.

Maavia nannte sich ausweislich der Inschriften auf Baudenkmälern und Münzen *abd Allah*, also „Diener Gottes" und „Beschützer", aber niemals Kalif, als der er heute geführt wird. Und er hatte das Kreuzzeichen auf mehreren seiner archäologischen Hinterlassenschaften.

Das Datum wird in der Inschrift von Hamat Gader gleich dreifach geliefert:

1. das byzantinische Steuerjahr;
2. die Zeit nach der Gründung der Stadt;
3. die Zeit nach den Arabern.

Die Datierung ist daher eindeutig, weil dreifach abgesichert. Besondere Aufmerksamkeit erweckte bei den Forschern aber das von Maavia erwähnte 42. Jahr nach den Arabern.

Das Jahr 1 der arabischen Zeitrechnung wäre damit das Jahr 622 unserer Zeitrechnung.

Zur Erinnerung: In diesem Jahr beginnt auch die islamische Zeitrechnung, die Zeit nach der *Hijra*, das ist die Flucht des Propheten 622 von Mekka nach Medina. Warum bezieht sich Maavia nicht auf diese islamische *Hijra*-Zeit, was für einen muslimischen Kalifen eine absolute Selbstverständlichkeit sein müsste?

Das Jahr 622 ist ein bedeutendes Jahr in der Geschichte Arabiens. Es ist das Jahr, in dem der byzantinische Kaiser Herakleios das persische Heer vernichtend schlug. In dem darauffolgenden Diktatfrieden verlor Persien seine westlichen Provinzen von Mesopotamien bis Ägypten. Zugleich aber setzte Herakleios die schon in der „Themenkonferenz" begonnene völlige Umstrukturierung des Reiches fort, in deren Verlauf Byzanz Positionen in Syrien und Ägypten aufgab. Diese Gebiete überließ er einem oder mehreren arabischen Emiren als tributpflichtigen Lehensherren. Diese Verbündeten, die *foederati*, hatten im Arabischen den Spezialterminus *quraish* (*Kuraisch*). Von Maavia wissen wir, dass er in der ersten Hälfte seiner Regierungszeit ein sehr enges Verhältnis mit Byzanz hatte, er war Statthalter, „Kuraisch".

Auch in den islamischen Schriften findet sich der Begriff *Kuraisch* – allerdings als Name des Stammes, dem der Prophet (und auch Maavia) angehört haben soll.

Schon 614 hatten die Perser Jerusalem, 618 Ägypten besetzt. Als Statthalter hatten auch sie arabische *quraish* eingesetzt. Diese arabischen Vasallen im Westen jedoch, in Syrien, Ägypten und Palästina, überstanden die persische Katastrophe von 622 nicht nur unbeschadet, sie wurden dadurch praktisch von heute auf morgen zu Kriegsherren auf eigene Rechnung. Bedingt durch die persischen Einfälle, hatte sich ja Byzanz ungefähr auf die Nordgrenze des heutigen Syrien zurückgezogen, aus einem Gebiet, das es nie wirklich beherrscht hatte. Der „Limes Arabicus", die alte römische Südgrenze, war schon im 5. Jahrhundert aufgegeben worden. Selbst nach dem großen, aber eigentlich überraschenden Sieg gegen die Perser und angesichts der permanenten Beanspruchung an der Nordgrenze, war Byzanz gezwungen, sich auf die Kerninteressen zu beschränken. Dieser byzantinische Rückzug befreite die Araber auch vom zweiten der Mühlsteine, zwischen denen sie sich befunden hatten. Sie brauchten nur das Machtvakuum ausfüllen, das der persische Kollaps und der byzantinische Rückzug hinterlassen hatten.

Sie taten sie und es begann eine große arabische Ära, die erst durch die Mongolen im 13. Jahrhundert beendet werden sollte. Und eben dieser „offizielle Beginn" der arabischen Ära im Jahre 622 ist mit dem „Jahr der Araber" in der Inschrift von Hamat Gader gemeint. Auch auf Münzen jener Zeit stoßen wir auf diese Datierung. Jahrhundertelang war diese dem Sonnenkalender folgende Zeitrechnung nach dem Jahr der Araber in Gebrauch, bevor sie in die legendenhafte *Hijra* eines Propheten Muhamad umgedeutet wurde. Der so entstandene islamische Kalender ist jedoch ein Mondkalender, die nachträgliche Umrechnung von Sonnen- auf Mondzeit führte zu einem heillosen Durcheinander von historischen Datierungen, das die islamische Tradition bis heute kennzeichnet. Praktisch keine der Jahreszahlen der ersten Jahrhunderte der *Hijra*-Zeitrechnung ist deshalb korrekt.

Maavia ist in islamischer Tradition ein islamischer Kalif. Warum aber nennt er sich niemals Kalif? Warum weisen Münzen von ihm christliche Symbole auf? Warum leitet er seine Legitimität von der Schutzgewährung eines christlichen Heiligtums ab und nicht von den heiligen Stätten des Islam? Alles, was wir von Maavia kennen, hat christlichen Bezug: seine Residenz, sein Heiligtum, sein Titel, seine archäologischen Hinterlassenschaften. Maavia wusste offensichtlich nichts von der *Hijra*, dem islamischen Mondkalender, er wusste offenbar nichts von einem islamischen Propheten „Muhamad“, der wenige Jahrzehnte vor ihm in seinem Reich gelebt haben soll und in dessen angeblichem Auftrag er gerade ein islamisches Reich errichten sollte. Maavia nennt uns seine Titel: Nicht ein einziges Mal ist aber der islamische „Kalif“ dabei. Er nennt uns eine Jahreszahl, aber die entspricht dem Sonnenkalender, er nennt uns sein Heiligtum, die Basilika in Damaskus, die das Haupt Johannes' des Täufers als Reliquie beherbergt. Die Münzen seiner Zeit weisen christliche Symbole auf wie das Kreuz, das Agnus Dei (Lamm Gottes), das Kopfreliquiar Johannes' des Täufers, den Felsen Jakobs oder das Wort „Zion“. Wie man aber christliche Symbole islamischen Kalifen vernünftig zuschreiben will, bleibt das Geheimnis traditioneller Interpreten. Was nicht sein kann, darf nicht sein: Maavia soll muslimischer Kalif gewesen sein.

Um das Jahr 60 der Araber, also im Jahr 682 unserer Zeitrechnung, trat Abd al-Malik seine Herrschaft an. Er war arabischer Emir aus Marw, dem heutigen Turkmenistan, damals persische Provinz, und residierte zunächst in Persien. Durch den Kollaps des sassanidischen Herrscherhauses waren die Marwiden, also die Emire aus Marw, im Osten an die Macht gekommen. Durch diese Ablösung verschwand auch der Zoroastrismus, zu den dominierenden Religionen[27]

[27] Im Osten des persischen Reiches gab es auch buddhistische Einflüsse, auf welche die 2001 von den Taliban gesprengten Buddhastatuen von Bamiyan, Afghanistan, zurückgehen.

wurden nun das syrische und nestorianische Christentum. Folgerichtig tragen auch die Münzen aus der Zeit Abd al-Maliks christliche Symbole.[28] Aber selbstverständlich war Malik der traditionellen Lehre nach Kalif.

Auf Maliks Münzen taucht gehäuft das Wort *muhamad* auf, ja es setzte eine förmliche *muhamad*-Schwemme ein.

Nach traditioneller Lesart ist damit unzweifelhaft der Prophet „Muhamad" gemeint. Aber die Fakten sprechen eine andere Sprache.

Wie Christoph Luxenberg, Spezialist für altorientalische Sprachen, überzeugend darlegt, ist *muhamad* keineswegs als Eigenname zu lesen. Es ist in der Sprache der Zeit, dem Syro-Aramäischen, ein Gerundiv und bedeutet „der zu Preisende, der Gepriesene". *Muhamad* war damit ein Titel und kein Name. Genauso verhält es sich mit dem ebenfalls häufigen *abd Allah,* das „Diener Gottes" im Sinne eines Attributes bedeutet und in diesem Zusammenhang nicht als Name gelesen werden könne. *Allah* heißt im Aramäischen damals wie heute *Gott* und hat nichts mit dem spezifisch islamischen Allah zu tun. (Es gibt heute noch arabische Christen aramäischer Sprache, die „Gott", arabisch „Allah", verehren.)

Das *muhamad*-Motto ist vielfach nachzuweisen, es entstand in Persien und breitete sich von dort in die arabische Welt aus.

Es bleibt als Zwischenresümee festzuhalten, was wir bisher an harten Fakten über die „islamischen Kalifen" Maavia und Malik gesammelt haben: Beide führten den *Vorsteher der Schutzgewährer* als wichtigsten Titel. Sie sahen sich in durchaus byzantinischer Tradition als *servus dei, abd Allah* in Arabisch, als „Diener Gottes". Ihre Münzen und Inschriften waren mit Kreuzzeichen und anderen christlichen Symbolen versehen. Und sie rechneten nach dem „Jahr der Araber", das dem Sonnenjahr folgte und mit dem Jahr 622 begann, dem Jahr der arabischen Selbstständigkeit. „Abd al-Malik" verehrte einen *muhamad,* einen „zu Preisenden".

Wer war aber der *muhamad*, der gepriesen werden sollte?

Die Antwort findet sich unter anderem in einem Bauwerk, in dem es niemand vermuten würde: im Felsendom zu Jerusalem, nach Mekka und Medina

[28] Die Dominanz christlicher Symbole und Bezüge auf den Münzen des 7. und 8. Jahrhunderts, so der Numismatiker Volker Popp, könne nur Leute verwundern, die arabische Geschichte nach den literarischen Sekundärquellen des 9. Jahrhunderts beschreiben.

dem drittheiligsten Ort der Muslime, nach deren Tradition erbaut über dem Ort, von dem aus Muhamad auf seinem mit Flügeln und Menschengesicht ausgestatteten Schimmel Buraq in den Himmel aufgestiegen sein soll.

Abd al-Malik vollendete den Felsendom ausweislich seiner Inschrift im Jahr 72 der Araber, das heißt im Jahr 694 unserer Zeitrechnung. Konstruktion und Aufteilung entsprechen der einer byzantinisch-syrischen Kirche, versehen mit römischen Säulen und einer Kuppel, dem typischen Element römisch-byzantinischer Prachtbauten. Das Innerste ist weitgehend original erhalten geblieben, besonders die Inschriften. In diesen hat Malik sein Glaubensbekenntnis festgehalten, das sich auf 240 Meter Länge über beide Seiten des Oktogons erstreckt.

Man sieht in den Malik'schen Bekenntnissen im Felsendom traditionellerweise die islamischen Grundformeln, obwohl eigentlich schon bei oberflächlichem – aber unvoreingenommenem – Hinschauen Zweifel auftauchen müssten. Lange Zeit hat aber offenbar niemand unvoreingenommen hingeschaut. Der Sprachforscher Christoph Luxenberg löste einen Tsunami in der Islamforschung aus, als er die Inschriften in der Sprache und den Wortbedeutungen der Zeit las, in der sie niedergeschrieben wurden. Ausgehend von der authentischen Sprache, dem Syro-Aramäischen, der Sprache des Gründers, kam er zu einer Lesart, die sich in zentralen Punkten von der arabischen Übersetzung unterscheidet.

Die traditionelle Übersetzung lautet:
„Im Namen des gnädigen und barmherzigen Gottes. Es gibt keinen Gott außer Gott allein, er hat keinen Teilhaber, ihm gehört die Herrschaft und ihm gebührt das Lob. Er erweckt wieder zum Leben und lässt sterben. Er hat Macht über alle Dinge.

Muhamad, Sohn des Abd Allah, ist sein Gesandter. Gott und seine Engel streuen Segen über den Propheten aus. Ihr Gläubige bittet um Segen für ihn und grüßt ihn würdig. Segen und Frieden Gottes sei auf ihm und Gott erbarme sich seiner.

Ihr Leute des Buches, übertreibt nicht in eurem Glauben und sprecht von Gott nur die Wahrheit. Der Messias, Jesus, Sohn der Maria, ist der Gesandte Gottes und sein Wort, das er in Maria legte, und ein Geist von ihm.

So glaubt an Gott und seinen Gesandten und sagt nicht Drei. Hört auf damit, es ist besser für euch. Gott ist nur ein einziger Gott, seine überirdische Majestät braucht keinen Sohn. Sein ist alles im Himmel und auf der Erde, und Gott genügt als Beschützer.

Der Messias ist nicht zu stolz, ein Diener Gottes zu sein, noch sind es die nahestehenden Engel. Und wer zu übermütig und zu stolz ist, den wird er bei sich versammeln.

Gott, segne Deinen Gesandten und Diener Jesus, den Sohn der Maria. Friede sei mit ihm am Tage seiner Geburt, seines Todes und seiner Auferstehung. So ist Jesus, der Sohn der Maria, das ist die Wahrheit, die ihr bezweifelt. Es steht der Größe Gottes nicht an, einen Sohn zu zeugen, Preis ihm! Wenn er ein Ding beschließt, so spricht er nur zu ihm: Es sei! Und es ist.

Gott ist mein Herr und euer Herr. So dient ihm, das ist der richtige Weg.

Bezeugt hat Gott, dass es keinen Gott gibt außer ihm. Und die Engel und Weisen können das bezeugen. Er sorgt für Gerechtigkeit, er ist der einzige mächtige und weise Gott.

Siehe, die Religion Allahs ist der Islam. Und diejenigen, die die Schrift erhalten haben, wurden durch Ungehorsam uneins, nachdem das Wissen zu ihnen gekommen war. Und wer die Zeichen Gottes verleugnet, Gott ist schnell in seiner Abrechnung.“

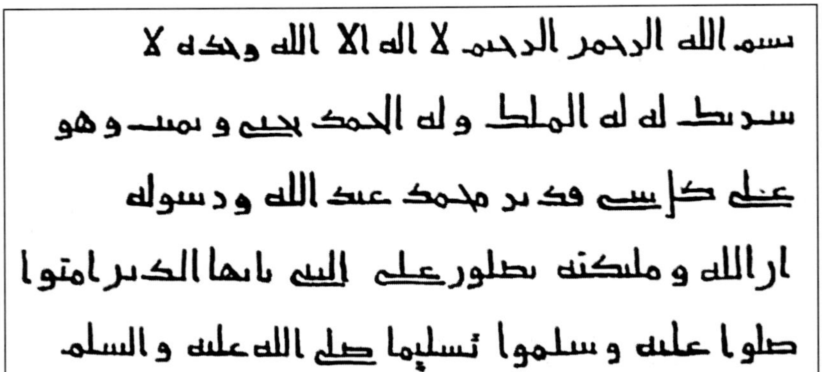

Transskript der Inschriften Abd al-Maliks im Felsendom (Ausschnitt)

Die Inschriften im Felsendom sind älter als alle uns bisher bekannten Koranausgaben. Die Schrift ist eine Frühform der arabischen Schrift und verfügt deshalb nur über einen minimalen Satz an Lesehilfen, den sogenannten diakritischen Punkten. Das Lesen selbst der traditionellen Version erweckt

Verwunderung. Die Rede ist im Wesentlichen von Maria, Jesus und dem einen Gott. Wäre da nicht, je einmal, das Wort *Muhamad* und *Islam* – man käme nicht im Entferntesten auf den Gedanken, ein islamisches Glaubensbekenntnis vor sich zu haben.

Hier tritt Christoph Luxenberg auf den Plan. Er tut das Nächstliegende, er liest die Inschrift in der Sprache jener Zeit, in der sie angebracht wurde. Auch hier, wie wir schon bei einigen Koranstellen gesehen haben, gibt seine Übersetzung plötzlich einen zusammenhängenden Sinn, macht das Gesamte erst logisch und verständlich.

Die Kernpassagen im Vergleich:

Traditionelle Übersetzung: *„Im Namen des gnädigen und barmherzigen Gottes …"*

Wissenschaftliche Übersetzung – hier präzisiert Luxenberg lediglich: *„Im Namen des liebenden und geliebten Gottes"*.

Aber dann kommt schon die erste Schlüsselstelle.

Traditionelle Übersetzung: *„Muhamad, Sohn des Abd Allah, ist sein Gesandter …"*

Wissenschaftliche Übersetzung: *„Gelobt sei der Knecht Gottes und sein Gesandter …"*

Luxenberg weist detailliert nach,[29] dass es sich bei *muhamad* um ein Gerundiv und keinesfalls um einen Vornamen handelt, dies wäre eine grammatikalische Unmöglichkeit. Bei der Lesung „Muhamad *ist* der Gesandte Gottes" wäre die Kopula *ist* notwendig, sie fehlt aber. Die semantische Unmöglichkeit des Namens Muhamad wird auch von Historikern anderer Disziplinen gestützt, demzufolge dieser Eigenname zu jener Zeit nirgendwo nachweisbar ist. Zahlreiche Münzfunde belegen zwar den Titel, aber nicht den Namen „Muhamad". Dasselbe gilt für *abd Allah*, den „Knecht Gottes". Abd Allah war ein Attribut, aber kein Name. Es gibt zahlreiche, bis ins frühe Christentum zurückreichende Nachweise von Jesus unter dieser Bezeichnung.

Eine ganz eindeutige Zuordnung nimmt die Sure 19:30 vor, worin das Jesuskind in der Wiege von sich sagt: *„Ich bin der Knecht Gottes* [abd Allah], *er hat mir die Schrift gegeben und mich zum Propheten gemacht."*

---

29 Christoph Luxenberg, „Neudeutung der arabischen Inschrift im Felsendom zu Jerusalem", in: Karl-Heinz Ohlig/Gerd-R. Puin (Hrsg.), „Die dunklen Anfänge", Berlin 2005.

Ein historischer Bezug aus früheren Zeiten von der Person Muhamad als „Diener Gottes“ *(abd Allah)* ist nirgendwo bekannt. Die Übersetzung von *muhamad abd allah* als „Muhamad, der Knecht Gottes“ ist schon deswegen nicht möglich. Es gibt entweder den *Muhamad Abd Allah*, den „Muhamad, Sohn des Abd Allah“, oder den *muhamad abd allah*, den „gepriesenen Knecht Gottes“. Eine Mischform, einmal Name, einmal Titel, ist unzulässig.

Wer aber ist der *zu preisende Knecht Gottes*?

Die Erklärung wird in der Inschrift gleich nachgereicht: Es ist *Isa bin Mariyam*, Jesus, Sohn der Maria.

„Der Messias Jesus, Sohn der Maria, ist der Gesandte Gottes.“

Offizielle traditionelle Übersetzung: „Der Messias Jesus, Sohn der Maria, war *nur ein* Gesandter Gottes.“

Nach Luxenberg ist dies nicht nur eine simple Fehllesung, es ist eine linguistisch nicht zu rechtfertigende Manipulation.

Von besonderem Interesse ist die Fortführung des Satzes in der Inschrift:

„So glaubt an Gott und seinen Gesandten und sagt nicht Drei ... denn Gott ist ein Einziger ... Wie sollte er ein Kind haben, gehört ihm doch alles, was im Himmel und auf der Erde ist.“

Hier wendet sich der Verfasser Malik gegen die offizielle Doktrin der Reichskirche von Byzanz mit ihrer Konstruktion der Dreifaltigkeit: Es gibt nur einen einzigen Gott, keine Dreifaltigkeit („drei“), weshalb auch Jesus als Gesandter, nicht aber als Sohn Gottes betrachtet wird.

Die zweite Schlüsselstelle der Inschrift markiert folgender wörtlicher Satz:

„in(na) d-din(a) llah(i) l-islam ...“

In der islamisch-traditionellen Übersetzung lautet der Satz:

„Siehe, die Religion Allahs ist der Islam ...“

Din wird als „Religion“ übersetzt und *islam* als eigenständiger Begriff „Islam“.

Dies ist eine typische Fehlinterpretation der späteren Jahrhunderte.

Luxenberg stellt nun klar, dass im Aramäischen und im Verständnis der Zeit *din* das „Wahre, das Rechte“ bedeutet. Der Begriff „Religion“ hingegen ist die lateinische „religio“, ein römischer Begriff, der eine Beziehung mit Gott beschreibt. Das persische *den*, und in weiterer Folge das syrisch-arabische *din*, haben jedoch nach übereinstimmender Meinung von Religionswissenschaftlern eine völlig andere Bedeutung: *Din* ist der Glaubensgeist, der es möglich macht, das Richtige, auch die richtige Religion, zu erkennen. *Din* ist also nicht die Religion selber, vielmehr ist die Religion eine Funktion des *din*. Um die Übereinstimmung – *islam* – mit den heiligen Schriften zu bewerkstelligen – also das Rechte zu erkennen – und sich nicht verwirren zu lassen, bedarf es des *din*. Die *religio* formt sich erst in Konsequenz daraus.

Islam hat in der Zeit Maliks nicht als Name einer Religion existiert, wie es uns heute geläufig ist. Nirgendwo in zeitgenössischen Berichten, welcher Herkunft auch immer, ist *islam* als Religionsbezeichnung feststellbar. *Islam* bedeutete in Maliks Zeit die „Übereinstimmung": nämlich die Übereinstimmung mit den Schriften, und mit diesen sind das Alte Testament und besonders die Evangelien gemeint. Die tiefere Bedeutung des Wortes *islam* ging aber über den technischen Aspekt der Übereinstimmung hinaus. *Islam* war die Übereinstimmung, die Frieden stiftete und Harmonie brachte. Dies bedarf aber des *din*, der dies ermöglicht. Erst als die in ein arabisches Evangelium zusammengeführten einzelnen Evangelien sich später zum Koran verselbstständigten und eine eigene Religion zur Folge hatten, kann man von *islam* als Islam sprechen. Davon kann in der Zeit Maliks keine Rede sein. Das heute gängige Verständnis von „Religion" und „Islam" ist in der Botschaft Maliks nicht enthalten.

Der Satz heißt also im Verständnis der Zeit seiner Niederschrift richtig:

„Als das Rechte gilt bei Gott die Übereinstimmung mit der Schrift …"

Und weiter:

„… denn diejenigen, denen die Schrift gegeben wurde, sind erst in Widerspruch mit dem geoffenbarten Wissen geraten, indem sie disputierten …"

Dies drückt die Ablehnung der zahlreichen Auslegungen und Konstruktionen auf den Konzilien aus, die die ursprüngliche Botschaft verwässert hätten und bei denen stets die Auffassung der Reichskirche dominierte.

„So sagt nicht Drei" – dies ist das große Thema der Zeit:[30] Wie ist die Natur Jesu beschaffen? War er Sohn Gottes? Oder nur Gesandter? War er Mensch

30 Die Kernfrage lautete: Ist Jesus Mensch, Gott, oder ist er beides? Die Monophysiten („eine Natur") sahen in Jesus eine Person, die zwar in einer privilegierten und direkten Beziehung zu Gott stand, aber im Falle der arabischen Christen doch nur Mensch war. Dies ist das Konzept eines Propheten (rasul) … [weiter S. 64]

oder Gott? Oder war er beides? Wie konnte der *logos*, das göttliche Wort, in einen menschlichen Körper gelangen? Mehrere Konzilien[31] stritten sich um diese Frage und spalteten die orientalische Christenheit. Die byzantinische Reichskirche wie auch die römische Kirche übernahmen als Mehrheitsmeinung das Konstrukt der „Dreifaltigkeit". Nicht jedoch die arabische Kirche. Deshalb setzte Malik das monophysitische Bekenntnis in seiner Basilika am Tempelberg der Orthodoxie der Reichskirche entgegen und warnt vor den „Drei". Gott braucht keinen Sohn, um die Menschen zu erreichen.

Der folgende Satz rundet mit der bekannten Jesusdarstellung von Geburt, Tod und Auferstehung das Glaubensbekenntnis Abdel Maliks ab:

„Herrgott, segne deinen Gesandten und Knecht Jesus, Sohn der Maria. Heil über ihn an dem Tag, da er geboren wurde, an dem Tag, da er sterben und an dem Tag, da er zum Leben auferweckt wird ..."

Vollständig liest sich das Bekenntnis Abdel Maliks aus dem Jahr 694 nun so:

„Im Namen des liebenden und geliebten Gottes. Es gibt keinen Gott außer Gott allein, er hat keinen Teilhaber, ihm gehört die Herrschaft und ihm gebührt das Lob, er spendet Leben und er lässt sterben, er ist allmächtig.

Gelobt sei der Knecht Gottes und sein Gesandter. Gott und seine Engel sprechen Segen über den Propheten. Ihr, die ihr glaubt, sprecht Segen und Heil über ihn. Gott segne ihn, Heil über ihn und Gottes Liebe.

Angehörige der Schrift, verfehlt euch nicht in eurem Urteil und sagt aus über Gott nur das Rechte. Denn Jesus Christus, Sohn der Maria, ist der Gesandte Gottes und sein Wort, das er der Maria eingegeben hat, und sein Geist von ihm. So glaubt an Gott und seinen Gesandten und sagt nicht Drei, hört auf damit, es wäre besser für euch. Denn Gott ist ein Einziger – gepriesen sei er –, wie sollte er

---

30 weiter: ... und Verkünders für Gott (kalifat Allah). Das allerdings beschrieb in der Auffassung anderer die Nähe Jesu zu Gott zu wenig. Aus der Sicht der antiken griechisch-römischen Welt war ein Vater-Sohn-Verhältnis als Legitimation unerlässlich. Die Orthodoxie postulierte deshalb die zwei Naturen Jesu, eine göttliche und eine menschliche. Als Mittler zwischen göttlichem und menschlichem Bereich wurde eine geistige Kraft, der „Heilige Geist" postuliert: Die „Dreifaltigkeit", eine aus antiker Sicht notwendige und logische Konstruktion. Es ging bei der ganzen Diskussion im Prinzip nur um semantische Probleme, bei denen sich die Inhalte verwischten und einer präzisen Definition entzogen. Dies führte zu weiteren Kategorien wie Miaphysitismus, Monothelelismus und vielen anderen mehr, mit wiederum eher semantischen Unterschieden. In der heutigen Theologie gibt es diese Unterschiede nicht mehr.

31 Nikäa (325), Konstantinopel (381), Ephesos (431), Chalkedon (451).

auch ein Kind haben, gehört ihm doch alles, was im Himmel und auf der Erde ist. Und Gott allein genügt als Beistand.

Christus wird es nicht missachten, Gottes Knecht zu sein, noch die Gott nahestehenden Engel. Wer aber es missachtet, ihm zu dienen und sich überheblich verhält, jene wird er einst allesamt zu sich einberufen.

Herrgott, segne Deinen Gesandten und Knecht Jesus, Sohn der Maria, Wort der Wahrheit, über den ihr euch streitet. Gott gebührt es nicht, ein Kind zu adoptieren, gepriesen sei er: Wenn er irgendetwas beschließt, so braucht er nur zu sagen: Sei, und es wird. Gott ist mein Herr und euer Herr, so dienet ihm, das ist eine gerade Linie.

Gott hat gemahnt, dass es keinen Gott gibt außer ihm und die Engel, wie die Schriftgelehrten bekräftigen wahrheitsgemäß: Es gibt keinen Gott außer ihm, dem mächtigen und weisen.

Als das Rechte gilt bei Gott die Übereinstimmung mit der Schrift: Denn diejenigen, denen die Schrift gegeben wurde, sind erst in Widerspruch dazu geraten, indem sie untereinander disputierten. Wer aber die in der Schrift aufgezeichneten Worte Gottes verleugnet, den wird Gott schnell zur Rechenschaft ziehen.“

Die Inschrift ist das Glaubensbekenntnis des Abd al-Malik – und zwar das typisch monophysitische Glaubensbekenntnis der christlich-arabischen Kirche. Es wendet sich gegen das Glaubensbekenntnis der byzantinischen Staatskirche, das von Herakleios in seiner Kirche, der Hagia Sophia in Byzanz, angebracht worden war.

Malik war arabischer Christ, kein Kalif und folglich auch kein Omayade.

Alleine der Nachweis, dass es sich bei *muhamad* um ein Gerundiv handelt und keinesfalls um einen Eigennamen, was sich auch durch Münzinschriften und andere Texte belegen lässt, ist eine Geringfügigkeit mit enormen Konsequenzen.

Muhamad, der Gepriesene, ist nichts anders als die arabische Version des griechischen *Krästos* und des lateinischen *Christus, des Gesalbten*:

Krästos, Christus, muhamad: dasselbe, derselbe, nämlich Jesus.

Diese Inschriften sind nach islamischer Tradition Suren aus dem Koran. Richtig ist gerade das Gegenteil. Diese Inschriften sind älter als alle bekannten Suren und wurden später in den Koran als Suren übernommen – es sei denn, man nimmt mit Luxenberg die Existenz eines aramäischen Urkoran an, in dem diese Texte bereits enthalten waren.

Die traditionellen Übersetzungen setzten im 9. Jahrhundert ein. Nach der Schaffung der arabischen Grammatik und der Definition der arabischen Schrift fand nichts weniger als eine Rückübersetzung statt. Man interpretierte mit der Sprache, der Schrift und dem Wissen des 9. Jahrhunderts etwas, das in einer anderen Sprache, einer anderen Schrift und in der Wortbedeutung einer anderen Zeit geschrieben wurde. Diese Interpretationen können somit nur falsch sein.

Luxenberg spricht deshalb von *Islam I* und *Islam II*.

Islam I ist, was aus der philologischen Analyse der Felsendominschrift, der bisher analysierten Koranstellen und aus den Münzanalysen hervorgeht. Es ist die arabisch-syrische Form des Christentums, die im Gegensatz zur byzantinischen Reichskirche ein monophysitisches Christentum war. So wird auch klar, warum selbst in der islamischen Tradition Jerusalem vor Mekka der Ort der Pilgerfahrten war und warum die Gebetsrichtung ursprünglich nach Jerusalem und nicht nach Mekka zeigte. (Was auch Muslime nicht bestreiten, aber mit einer netten Legende verbrämen.)

Islam II ist das, was wir heute unter „Islam" verstehen. Im Laufe der Zeit verselbstständigte sich das spezifisch arabische Christentum immer mehr, bis es sich schließlich in einer eigenen Religion manifestierte.

Dieses Kapitel ist eigentlich dem historischen Muhamad gewidmet, doch gab es bislang noch wenig von seiner Person zu berichten. Der Grund liegt darin, dass es bis etwa 200 Jahre nach seinem tradierten Tod keinerlei Erwähnung von ihm gibt. Nicht in wissenschaftlichen Quellen und nicht im islamischen Schrifttum. Im Koran kommt Muhamad praktisch nicht vor, vier Nennungen, die sich genauso gut auf den *muhamad*, den *Gepriesenen*, beziehen könnten, nur eine Nennung davon lässt Muhamad als Name erscheinen. Selbst islamische Schriften reflektieren das Bewusstsein, dass in *muhamad* ein Titel und nicht ein Name zu sehen ist. Nach Ibn Saad [32] war der ursprüngliche Name des Propheten Qutham. Er habe später sechs verschiedene Namen geführt: Muhamad *(der Gepriesene)*, Ahmad *(der Gepriesene)*, Kahtim *(das Siegel)*, Haschir *(der Erwecker)*, Akib *(der Letzte der Propheten)*, Machiy *(der Sündentilger)*.

32 Ibn Saad (gest. 845), „Annalen".

Dies legt eindeutig die Annahme von *muhamad* als Titel nahe. So schreibt Aloys Sprenger, Professor für orientalische Sprachen:[33] „In diesen Traditionen erscheint ‚Muhamad' geradeso wie die übrigen Benennungen, als Epithet [Attribut] des Propheten und nicht als Eigenname."

Während uns die islamischen Quellen um die Zeit Muhamads im Stich lassen, gibt es zahlreiche archäologisch verwertbare Zeitzeugnisse. Aber auch darin kommt nirgendwo ein Prophet namens Muhamad vor: nicht nachvollziehbar bei einer Persönlichkeit, die in wenigen Jahren die gesamte existierende Ordnung des Orients politisch wie religiös über den Haufen geworfen haben soll.

Die Entstehung und Verbreitung des Islam mit seinem Propheten spielte sich im Spannungsfeld zwischen den beiden Großmächten Persien und Byzanz ab, beides hochentwickelte Staaten mit einer ausgeprägten Schriftkultur. Besonders im byzantinischen Beamtenapparat blieb nichts unberichtet. Aber kein Wort über eine neue Religion namens Islam, nicht ein Wort über ihren Urheber Muhamad.

Von einem Propheten Muhamad hatte zu dessen Lebzeiten und in den beiden Jahrhunderten danach offensichtlich niemand je gehört – zu einer Zeit, als die Hälfte der damals bekannten Welt schon islamisch gewesen sein soll. Den Eigennamen Muhamad dokumentierte für jedermann sichtbar erst Mamun im 9. Jahrhundert, als er in den Inschriften des Felsendoms *muhamad abd allah*, den „gepriesenen Gottesknecht", zu „Muhamad, Sohn des Abd Allah" umfunktionierte.

Der personifizierte Muhamad der islamischen Tradition taucht erst in der arabischen Literatur des 9. und vor allem 10. Jahrhunderts auf. Nach Dr. Abdallah Moussa von der Sorbonne ist Muhamad als Eigenname nirgendwo vor der Islamisierung feststellbar. Er hält die Existenz eines Eigennamens Muhamad zur Zeit des behaupteten Propheten für unwahrscheinlich.[34]

Die Wurzel MHMD findet sich bereits auf Tontäfelchen aus dem 13. vorchristlichen Jahrhundert in Ugarit. *Muhamad(un)* bezeichnete die höchste Reinheit für Gold. Es entwickelte sich daraus die Bedeutung *auserwählt, gepriesen*, die so noch Jahrhunderte Gültigkeit hatte. Man nimmt an, dass

---

33 Aloys Sprenger, „Das Leben und die Lehre des Mohammad nach bisher grösstentheils unbenutzten Quellen", Berlin 1869.

34 Aus: Claude Gilliot, „Zur Herkunft der Gewährsmänner des Propheten", in: Karl-Heinz Ohlig/Gerd-R. Puin (Hrsg.), „Die dunklen Anfänge", Berlin 2005.

HMD *(ahmad)* dieselbe Wurzel hat. Der Koran verwendet denn auch *muhamad* und *ahmad* synonym.

Die erste religiöse Manifestation des Titels zeigt sich im Osten des persischen Reiches, hier tauchen die ersten Münzen mit einem *muahamad*-Logo auf. Dort, im heutigen Turkmenistan und Afghanistan, war der „Gepriesene" *(muhamad)* der „Knecht Gottes" *(abd-Allah)* und der „Sprecher Gottes" *(kalifat Allah)*. Keine auch irgendwie geartete Spur von der Präsenz eines *muhamad* oder gar des *Muhamad* auf der arabischen Halbinsel zur selben Zeit.

Wir können mit Sicherheit sagen, dass der *muhamad* weit im Osten des persischen Reiches entstand. Und nach erdrückender Beweislage war dieser „Gepriesene" Jesus. Ihn haben die verschleppten Christen aus Syrien und Mesopotamien in ihrem Herzen dorthin getragen [35] und dort war der „Gepriesene Gottesknecht" Tradition, lange vor dem kolportierten Muhamad Abd Allah aus Mekka.

Abd al Malik nahm diesen *muhamad abd-Allah* mit in den Westen seines Reiches und baute ihm in Jerusalem ein Monument am Tempelberg, in dem er seine Grundsätze darlegte als Fanal gegen diejenigen – vor allem in Byzanz –, die vom richtigen Glauben abgekommen waren.

Die Frage nach dem historischen Propheten Muhamad, Sohn des Abd Allah, hat sich im Umweg über den *muhamad abd-Allah*, den „Gepriesenen Gottesknecht", von selber beantwortet:

Es hat mit Sicherheit keinen Propheten namens Muhamad gegeben, der von 570 bis 632 (oder ähnlich) gelebt und den Koran verfasst haben soll. Die gesamte damit zusammenhängende Überlieferung ist obsolet, weil sich die dahingehenden Beschreibungen auf nicht nachprüfbare bis nachgeprüft nicht existente Quellen berufen. Die islamische Tradition stützt sich nämlich auf Quellen, die sie selber produziert hat, und dreht sich somit immerfort im Kreis. Moderne Forschung, Archäologie und Linguistik verweisen heute das traditionelle Muhamadbild ins Reich der Legenden.

Das muhamad-Jesus-Konzept hingegen lässt sich belegen. Luxenberg spricht daher von Muhamad I, das ist der ursprünglich gemeinte *muhamad*, also Jesus, und von Muhamad II, dem Muhamad der traditionellen Überlieferung.

35 Mehr darüber in einem späteren Kapitel.

Nach Prüfung aller zur Verfügung stehenden Quellen ist der Prophet Muhamad, Muhamad II, keine historische Figur. Die Sehnsucht der arabischen Christen nach einer eigenen Schrift mündete nach einer langen Entstehungsgeschichte im Koran. Parallel dazu fand die Transformation vom *muhamad* zum *Muhamad* statt. Dieser war eine Notwendigkeit, denn wie hätten sich eigene – endlich eigene! – Offenbarungen sonst rechtfertigen lassen? Die gesamte Tradition verlagerte sich erzählerisch in die Wüste Arabiens, der Prophet der Araber aus dem Stamme der Kuraisch war geboren. 200 Jahre nach seiner „Geburt“.

Foto: Damon Lynch

Exkurs: Die Kirche am Tempelberg

Östlich an die Altstadt Jerusalems schließt sich ein Felsplateau von etwa 300 mal 450 Metern an, auf dem sich neben ein paar kleinen Gebäuden lediglich die al-Aqsa-Moschee und der Felsendom befinden. Der größte Teil der Fläche steht leer. Im 7. Jahrhundert war die Fläche ein einziges Trümmerfeld: Reste des Herodianischen Tempels, Reste eines Jupitertempels, Reste von tausend Jahren religiöser Nutzung. Trotzdem war dieser unwirtliche Ort mit religiösen Emotionen verbunden wie kaum ein anderer: Hier soll Abraham bereit gewesen sein, seinen Sohn Isaak Gott zu opfern, und hier stand der Tempel Salomons.

Ausweislich seiner Inschrift wurde der „Felsendom" im Jahr 72 arabischer Zeitrechnung vollendet: „Dieses Heiligtum hat der Knecht Gottes, der Imam al-Mamun, Oberster Schutzgewährer, im Jahre 72 erbaut. Möge Gott ihn annehmen und Gefallen dran finden, amen. Könige der Welt, lobpreiset Gott."

Nach der damals gängigen Zeitrechnung *kata Arabos* entspricht das Jahr 72 dem Jahr 694. Es werden aber auch andere Jahreszahlen genannt. Diese entstanden durch die Umrechnung aus der *Hijra-Zeit,* die ja auf einem Mondkalender beruht und dementsprechende Ungenauigkeiten aufweist.

Unstrittig ist, dass Mamun nicht der Erbauer war. Vielmehr hat er über 100 Jahre später den Namen Abd al-Malik entfernen lassen und dafür seinen eingesetzt, die Jahreszahl behielt er bei.[36] Erbauer war also Abd al-Malik, und er vollendete sein Projekt im Jahr 694.

Die Wahl des Ortes war eindeutig: der exakte Platz des Salomonischen Tempels. Der Baustil repräsentiert die typisch syrisch-byzantinische Kirchenarchitektur. Grundstruktur ist ein auf Säulen ruhender Zylinder, eingeschossig oder, je nach Höhe, mit einem weiteren Säulenrundgang versehen. Der Zylinder wird mit einer Kuppel überwölbt, dazu kommen bei Bedarf weitere

[36] Möglicherweise stammt die Änderung nicht von Mamun selber, sondern wurde noch später vorgenommen.

Zubauten. Im Falle des Felsendoms umschließt der Zylinder ein Stück blanken Felsens, der wohl als der Fels des Isaak-Opfers angesehen wurde. Diesen Kern umschließen nach außen hin zwei Säulenumgänge, die den achteckigen Grundriss des Gebäudes definieren. Die Säulen sind in verschiedenen antiken Stilen ausgeführt und teilweise sogar von verschiedener Länge. Das heißt, es handelt sich um Zweitverwendungen aus bestehenden Gebäuden oder aus Ruinen. Ursprünglich dürfte der Bau offen gewesen sein. Die Gläubigen befanden sich auf dem großen Areal um das Gebäude herum und konnten von dort aus die Zeremonien verfolgen, denn die Besucherschar muss zu bestimmten Anlässen, etwa der jährlichen Pilgerfahrt, sehr groß gewesen sein.

Der Dom ist kein architektonisch originärer Entwurf, sondern orientiert sich an zahlreich existierenden Vorläufern.

Da ist die Auferstehungskirche am Ölberg, die Kirche der Maria Theotokos am Berg Garizim bei Nablus, die Kirche Kathisma („Sitz“) der Jungfrau unweit Jerusalems (ebenfalls um einen Stein gebaut), eine Kirche in Busra, Syrien, weitere in Caesarea und in Kapernaum am See Genezareth, mutmaßlich an der Stelle des Hauses von Petrus. Verbreitung fand dieser Kirchentyp bis Italien (San Vitale in Ravenna) und sogar Spanien (Las Vegas de Pueblanueva). Auch die Kirche des Sergios und Bakchos in Istanbul („Kleine Hagia Sophia“), die Modell für die große Hagia Sophia gewesen sein soll, ist in diesem Stil erbaut. Es handelt sich also um einen in der römisch-byzantinischen Welt geläufigen Typus. Alle diese Kirchen wurden zwischen dem 3. und 6. Jahrhundert gebaut, sie haben dieselben architektonischen Elemente, und sie weisen wie der Felsendom einen achteckigen Grundriss auf.

Das Oktogon entstammt der religiösen Zahlenmystik und symbolisiert die Auferstehung Jesu am Tag nach dem Sabbat, als achter Schöpfungstag die Schöpfung vollendend. Die Acht war daher in der mittelalterlichen Theologie die Zahl der Vollendung. Dementsprechend waren die Gläubigen unter diesem Symbol auf dem Weg zur Vollendung. Präzise dieselbe achteckige Grundstruktur mit einem kuppelgekrönten Zylinder darüber hat die Pfalzkapelle Kaiser Karls des Großen in Aachen aus dem Jahr 790. Beide Herrscher, Abd al-Malik wie Karl der Große, sahen sich im Stile frühmittelalterlich-christlicher Herrscher als Nachfolger Davids in Stellvertretung Christi. Auch wenn der Baumeister der Pfalzkapelle mit der fast baugleichen Kirche San Vitale in Ravenna ein näher gelegenes Studienobjekt zur Verfügung hatte, muss ihm der Felsendom bekannt gewesen sein, denn er baute die Kapelle als „Abbild des Himmlischen Jerusalem“.

In islamischer Tradition baute der islamische Kalif und Omayade Abd al-Malik den Felsendom als Moschee. Die neueste Forschung sieht Abd al-Malik jedoch als christlich-arabischen Herrscher und den Felsendom dementsprechend als christlichen Sakralbau. Oleg Grabar[37], einer der besten Kenner des Felsendomes, schließt eine Moschee als Zweck des Baues aus und sieht darin „eine Art Sakralbau". Er spricht von einem „Paradoxon", weil sich Widersprüche in der Interpretation als islamischer Bau nicht auflösen ließen. Sie lösen sich auf, wenn man im Felsendom einen christlichen Bau sieht.

Jerusalem ist damals wie heute eine Stadt der Kirchen. Aber die Kirchen damals waren jene der „Falschgläubigen" aus Maliks Sicht. Ihnen wollte er, der sich, wie belegt, in der wahren Tradition Zions sah, ein Monument des wahren Glaubens, ein *haram*, an unübersehbarer Stelle entgegenstellen, am Tempelberg. In der Kirche ließ er als Antwort auf die Ekthesis, auf das in der Hagia Sophia angebrachte Glaubensbekenntnis der byzantinischen Reichskirche mit dem Bekenntnis zur Dreifaltigkeit, seine Sicht des richtigen Glaubens anbringen. Traditionellerweise als muslimische Suren bezeichnet, sieht die moderne Forschung in dem 240 Meter langen Schriftband auf beiden Seiten des Oktogons ein klares christlich-arabisches Bekenntnis monophysitischer Ausrichtung. [Siehe S. 65: „Die Inschrift ist das Glaubensbekenntnis …"]

Mit der Etablierung des Islam nahm die Bedeutung des *haram* am Tempelberg ab und trat hinter Mekka und Medina zurück. Trotzdem begannen sich islamische Legenden mit Jerusalem zu verbinden. Im 11. Jahrhundert entstand die Tradition, wonach Muhamad vom Ort des Felsendoms mit seinem Pferd *buraq* mit dem Menschenkopf und den Flügeln in den Himmel aufgestiegen sei. Wahrscheinlich ebenfalls im 11. Jahrhundert erhielt das *haram* das obligatorische *mihrab,* eine Nische oder Platte, die die Richtung nach Mekka anzeigt. Das *mihrab* wurde jedoch nicht in der Moschee selbst angebracht – erst jetzt kann man von Moschee sprechen! –, sondern in einer Höhle des Felsens darunter. Es gibt bislang keine befriedigende Erklärung dafür.

Für die Kreuzritter war das Gebäude einfach der „Tempel Gottes" *(templum dei),* an den sich alttestamentliche Erinnerungen knüpften und der einen Platz bezeichnete, an dem auch Jesus gewirkt hatte. Als originäre Moschee wurde der

---

[37] Oleg Grabar, „The Dome of the Rock", London 2006.

Dom nicht wahrgenommen, man glaubte, dies sei der ursprüngliche Tempel aus der Zeit Christi. Einfluss nahmen die Kreuzritter wenig, der zweite Fels Jerusalems, Golgotha mit der Grabeskirche, hatte einen höheren Stellenwert.

Unter den die Kreuzritter ablösenden Ayyubiden wurde der Felsendom zu einem islamischen Heiligtum. Wenig hat sich in der Folgezeit unter den Fatimiden und Mamelukken geändert, man führte allfällige Renovierungen aus, änderte aber nichts an der Struktur. In der Mamelukkenzeit war man der Meinung, die Kreuzritter hätten den Dom gebaut, um den einer verbreiteten Legende nach schwebenden Felsen darunter zu bändigen. Unter den Osmanen, namentlich unter Suleiman dem Prächtigen (1520–1566), fanden größere Umgestaltungen statt. So ersetzte der Sultan die Außenfassade vollkommen und kleidete sie mit Kacheln ein. Auch im Inneren wurden viele Ausarbeitungen vorgenommen, die Substanz jedoch nicht verändert. Von 1875 bis 1960 geschah überhaupt nichts mehr. Zwischen 1959 und 1962 wurden sämtliche Kacheln aus der osmanischen Zeit entfernt und neue angebracht, 1990 erfolgte eine weitere Umgestaltung.

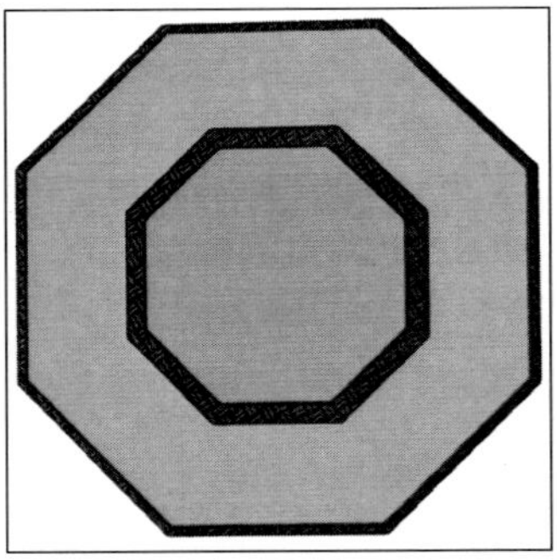

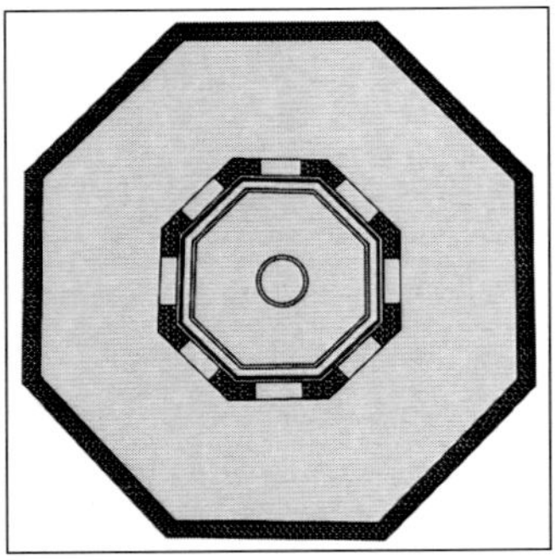

Links: Grundriss der Kapelle über dem Haus Petrus' in Kapernaum

Rechts: Grundriss der Auferstehungskirche am Ölberg (4. Jh.)

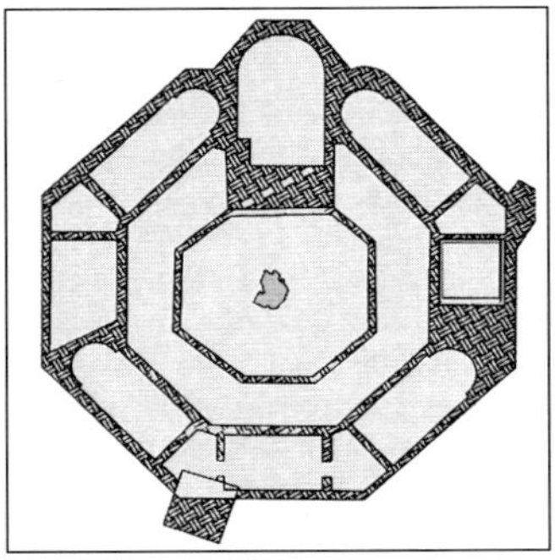

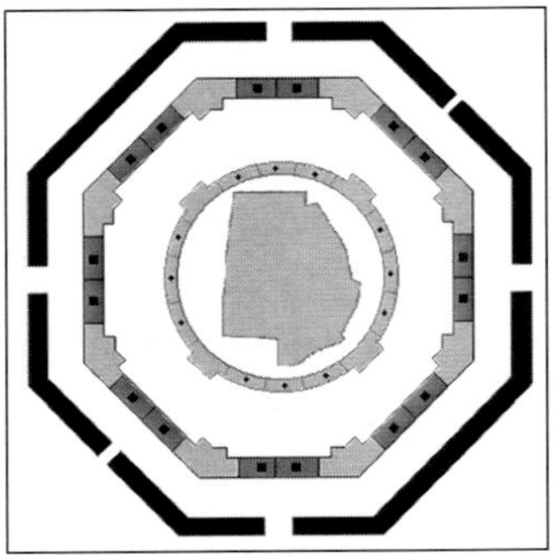

Links: Grundriss von „Kathisma der Jungfrau" (Nähe Jerusalem, 5. Jh.)

Rechts: Grundriss des Felsendoms (7. Jh.)

So wie sich der Felsendom heute präsentiert, ist er ein Werk des 20. Jahrhunderts. Wir wissen nicht, inwieweit dieses Aussehen dem zur Zeit seiner Gründung entspricht. Wahrscheinlich nicht sehr viel. Nicht verändert wurde jedoch die Grundstruktur und der einzig erhaltene Teil aus der Zeit Maliks: die Säulen mit dem mosaiküberzogenen Stützwerk, auf dem das originale Schriftband läuft – das Glaubensbekenntnis Abd al-Maliks.

Gebaut wurde der Felsendom als Kirche, mehr noch, als Zentralpunkt christlich-arabischer Religiosität und sicher nicht als Moschee. Auch in der Zeit islamischer Herrschaft wurde der Dom nicht als Gebetshaus wahrgenommen. Mit vielen Geheimnissen und Mythen versehen, war das *Haram al-Sharif* in erster Linie der Ort der Himmelfahrt Muhamads. Allgemeiner Gebetsort war stets die al-Aqsa-Moschee gegenüber. Touristen zeigte man bis vor kurzem den wahren Standort der Wiege Jesu (nämlich in der Südostecke des Areals) und verriet ihnen weitere Geheimnisse aus der biblischen und christlichen Vergangenheit des Ortes – das ist inzwischen unterbunden. Seit etwa einem Jahrzehnt ist der Felsendom das, was er niemals in seiner Geschichte war: eine aktive Moschee. Und er wurde zum Symbol des palästinensischen Nationalismus.

Trägerelement des Oktogons mit der kufischen Inschrift Abd al-Maliks. Die Mosaike sind typisch römisch-byzantinischer Stil, die Motive jedoch persisch. (Foto: Oleg Grabar)

Das Innere des Felsendoms (links; Foto: Damon Lynch) und der Pfalzkapelle Karls des Großen in Aachen (rechts: Foto: Domschatzkammer Aachen). Der Grundaufbau ist identisch.

Unten (Foto: Oleg Grabar) ein Eck-Trägerelement des Oktogons, darüber ein weiterer Abschnitt des 240m langen Inschriftenbandes.

Die Hadithe: Sprüche und Taten des Propheten

„Niemand, der seriös Islam-Studien betreibt, würde es wagen, die Mohammed und seinen Gefährten zugeschriebenen Aussprüche als Quelle zu benutzen, um ein Bild vom frühen Zustand und den ursprünglichen Lehren des Islam zu entwerfen. Die moderne historische Kritik lässt uns gegen eine solche vorsintflutliche Betrachtungsweise auf der Hut sein."

Ignaz Goldziher, Altmeister der Koranforschung auf dem 1. Internationalen Kongress der Religionsgeschichte, Paris 1900

Zusammen mit dem Koran sind die *hadith* (Betonung auf der ersten Silbe, -th wie s gesprochen) die wichtigste religiöse Schrift im Islam. Hadithe sind Aussprüche und Handlungen des Propheten: Was er zu dieser oder jener Angelegenheit sagte, welches Urteil er zu diesem oder jenem Fall sprach, wer seine Lieblingsfrau war, was sein Lieblingsessen war und wen er bei seinem Besuch im Himmel und in der Hölle alles antraf. Es gibt kaum ein denkbares oder undenkbares Ereignis aus Muhamads Leben, das nicht detailreich beschrieben wäre. Die Aussprüche werden großteils in wörtlicher Rede wiedergegeben. Die Lebensbeschreibung des Propheten *(Sira)* in ihren Tausenden Varianten und allen Details gründet sich auf den Hadithen.

Die Zahl der Hadithe überschreitet die Millionengrenze. Sechs Sammlungen sind kanonisiert, also vom sunnitischen Klerus offiziell als authentisch und wahr anerkannt. (Nicht aber von den Schiiten, die ihrerseits fünf eigene Sammlungen präsentieren.) Die Autoren dieser sechs offiziellen Sammlungen sind al-Buhari (gest. 870), Muslim (gest. 875), Ibn Madscha (gest. 886), Abu Dawud (gest. 888), Tirmidhi (gest. 892) und Nasa'i (gest. 915). Die früheste, gelegentlich zitierte Hadithsammlung von Ibn Ishak (gest. um 770) ist nicht belegt, die Sammlung von Ibn Hisham (gest. 834) ist seltsamerweise[38] nicht kanonisiert.

Zur Erinnerung: Der Prophet soll 632 gestorben sein. Das bedeutet, die Hadithe sind 200 bis 300 Jahre nach „Muhamad" niedergeschrieben worden. Bis dahin wurden sie mündlich weitergegeben, vornehmlich von *quasas*, pro-

[38] Seltsamerweise deshalb, weil die Sammlung Hishams eine der bekanntesten ist und andere Sammler sich auf ihn beziehen.

fessionellen Geschichtenerzählern. Die Geschichten über die Aussprüche und Taten des Propheten Muhamad wanderten in wörtlicher Rede von Teefeuer zu Teefeuer, von Markt zu Markt, von einer Generation zur anderen, bis sie bei einem der Schreiber landeten.

Sehen wir uns einige Hadithe an. Sie stammen aus der offiziellen Sammlung des Buhari und sind entsprechend der Reclam-Ausgabe nummeriert. Es wird jeweils nur der ursprüngliche Informant genannt. In Wirklichkeit muss man sich die gesamte Informantenkette über fünf oder sechs Generationen hinzudenken. Dies würde im konkreten Fall so aussehen:
„So hat es mir A erzählt und sagte dazu, dass B erwähnt habe, dass C ihm gesagt habe, D habe erwähnt, er habe von E gehört, dass F sagte, G habe Aischa (eine der Frauen Muhamads) gefragt: ‚Was hat der Prophet des Herrn denn gerne gegessen?' Worauf Aischa gesagt habe: ‚Wahrlich, ich sage dir, er mochte kandierte Früchte und Honig, und ganz besonders hat er Kürbis gemocht.'"

II, 11
Ibn Abbas berichtet:
Der Prophet erzählte: „Die Hölle wurde mir gezeigt. Und die Mehrzahl ihrer Bewohner waren Frauen." Jemand fragte ihn: „Haben sie denn nicht an Gott geglaubt?" „Sie waren undankbar gegenüber ihren Lebensgefährten, undankbar für die Wohltaten, die ihnen erwiesen wurden. Wenn du einer solchen Frau nur Gutes tust, sie aber an dir etwas entdeckt, das ihren Missfallen erregt, so sagt sie: Nie habe ich etwas Gutes an dir gesehen."

II, 17
Abu Huraira berichtet, der Gesandte Gottes habe zu ihm gesagt:
„Wer sich aufrichtig zum Islam bekennt, dessen gute Tat wird ihm zehn- bis siebenhundertfach gutgeschrieben, während eine schlechte Tat nur einmal notiert wird."

III, 19
Abu Huraira berichtet:
Ich sagte: „Oh Gesandter Gottes, ich höre von dir so viele Hadithe, aber oft vergesse ich sie wieder." Der Prophet antwortete: „Breite deinen Mantel aus." Ich kam dieser Aufforderung nach. Danach bewegte der Prophet seine Hände, als

schöpfe er etwas in meinen Mantel hinein. Dann sagte er: „Jetzt zieh ihn wieder an." Ich tat, was er gesagt hatte, und seitdem habe ich nichts mehr vergessen!

IV, 2
Hammam ibn Munabbih berichtet:
Abu Huraira erzählte: Der Gesandte Gottes sagte: „Das Gebet eines Menschen, der unrein ist, wird nicht angenommen, bevor er nicht die Kleine Waschung verrichtet."

Ein Mann aus Hadramaut fragte ihn: „Oh Abu Huraira, durch was wird man unrein?" „Zum Beispiel durch Blähungen."

IV, 5
Anas berichtet:
Wenn der Prophet sich entfernte, um seine Notdurft zu verrichten, sagte er: „Oh Gott, ich nehme meine Zuflucht bei dir vor den bösen und unreinen Mächten."

IV, 6
Abu Aiyub al-Ansari berichtet, der Gesandte Gottes habe gesagt:
„Wenn ihr die Notdurft verrichtet, so darf euer Gesicht oder euer Rücken nicht zur Kaaba hingewendet sein. Wendet euch vielmehr nach Westen oder nach Osten."

IV, 24
Abu Huraira berichtet:
Der Gesandte Gottes sagte: „Uriniert ja nicht in stehende Gewässer. Denn später braucht ihr dieses Wasser vielleicht, um euch zu waschen."

V, 3
Qatada berichtet:
Anas ibn Malik erzählte: „Im Laufe einer Nacht und eines Tages ging der Prophet bei allen seinen Frauen ein. Und er hatte elf!" Ich fragte ihn: „Hatte er denn so viel Kraft?" „Ja, er hatte die Kraft von 30 Männern."

V, 10
Ubai ibn Kab berichtet:
Ich fragte den Propheten: „Oh Gesandter Gottes, wie soll ein Mann sich waschen, der seiner Frau beigewohnt hat, aber keinen Samenerguss hatte?" Er erwiderte:

„Er soll jene Körperpartien, mit denen er die Frau berührt hat, waschen. Anschließend soll er die Kleine Waschung durchführen. Dann kann er das Gebet verrichten."

VI, 7
Asma Bint Abu Bakr berichtet:
Eine Frau sagte zum Gesandten Gottes: „Oh Gesandter Gottes, was sollen wir tun, wenn das Kleid von dem Menstruationsblut beschmutzt wurde?" Er antwortete: „Beseitigt die Flecken und wascht das Kleid. Dann könnt ihr es ruhig wieder beim Gebet tragen."

VII, 1
Anas berichtet:
Der Prophet erzählte, er habe in den Himmeln Enoch, Moses, Jesus und Abraham – Gottes Segenswünsche mögen ihnen gelten – getroffen, ohne aber nähere Auskunft darüber zu geben, wie ihre Aufenthaltsorte bestellt waren. Allerdings wies er darauf hin, dass er Adam im ersten, Abraham im sechsten Himmel gesehen habe. Als Gabriel und der Prophet an Enoch vorüberkamen, sagte er: „Willkommen, oh aufrichtiger Prophet und frommer Glaubensbruder!" Dann sah ich Moses. Er sagte: „Willkommen, oh aufrichtiger Prophet und frommer Glaubensbruder!" Anschließend begegnete ich Jesus. Auch er sagte: „Willkommen, oh aufrichtiger Prophet und frommer Glaubensbruder!" Schließlich traf ich Abraham. Er sagte: „Willkommen, oh aufrichtiger Prophet und frommer Glaubensbruder!"

VIII, 38
Busr ibn Said berichtet:
Zaid ibn Halid schickte mich zu Abu Guhaim. Ich sollte ihn fragen, was der Gesandte Gottes gesagt hat, wenn jemand vor einem Betenden vorübergeht. Abu Guhaim erzählte, der Gesandte Gottes habe gesagt: „Wüsste der Mensch, der im Begriff ist, dieses Vergehen zu verüben, welche Strafe ihn dafür erwartet, dann würde er stehen bleiben und vierzig … warten." Abu Nadr ergänzt: „Ich weiß nicht, ob der Prophet von vierzig Tagen, Monaten oder Jahren sprach."

IX, 11
Abu Huraira berichtet, der Gesandte Gottes habe gesagt:
Die Engel wechseln sich Tag und Nacht ab. Zur Zeit des Morgengebets und zur Zeit des Nachmittagsgebets treffen sie mit euch zusammen. Und nach dem

Morgengebet steigen die Engel, die die Nacht verbracht haben, zum Himmel auf. Gott fragt sie dann, obwohl er es am besten weiß: „Was haben meine Diener getan, als ihr sie verlassen habt?“ Sie antworten: „Sie haben gebetet, als wir uns entfernten. Und als wir am Nachmittag zuvor kamen, beteten sie auch.“

X, 14
Abdullah ibn Umar berichtet, der Gesandte Gottes habe gesagt:
„Das gemeinsame Gebet hat den siebenundzwanzigfachen Wert des alleine verrichteten Gebets.“

XI, 4
Salman al-Farsi berichtet, der Prophet habe gesagt:
„Wer am Freitag ein Bad nimmt und sich gründlich wäscht, sich das Haar ölt oder parfümiert, dann zum Gebet geht und sich nicht zwischen die Betenden, die bereits vor ihm ihre Plätze eingenommen haben, drängt, anschließend das Gebet vorschriftsmäßig verrichtet und der Predigt aufmerksam zuhört, dem werden die Verfehlungen verziehen, die er sich zwischen diesem Tag und dem vorangegangenen Freitag hat zuschulden hat kommen lassen.“

XV, 1
Abu Darr berichtet:
Der Prophet sagte: „Von meinem Herrn kam die erfreuliche Nachricht, dass alle Mitglieder meiner Gemeinde, die allein Gott dienen und ihm keinen Teilhaber an seiner Göttlichkeit zuschreiben, nach ihrem Tod ins Paradies eingehen werden.“ Ich fragte ihn: „Gilt dies auch für die, die Ehebruch begangen oder gestohlen haben?“ – „Ja!“

XV, 13
Abu Huraira berichtet:
Der Gesandte Gottes sagte: „Jedes Neugeborene hat von Natur aus die Anlage zum rechten Glauben. Es sind die Eltern, die es zum Juden, Christen oder Magier erziehen.“

XVII, 5
Said ibn Gubair berichtet:
Ibn Umar pflegte sich das Haar mit Öl einzureiben. Als ich das gegenüber Ibrahim erwähnte, sagte er: „Was hältst du von folgendem Hadith, das mir Al

Aswad erzählte: Aischa sagte: ‚Mir ist, als würde ich noch immer den Duft des Parfüms auf dem Scheitel des Gesandten Gottes wahrnehmen, als er im Zustand der Weihe war.'"

XX, 15
Nafi, der Maular von Ibn Umar, berichtet:
„Wenn Dattelpalmen verkauft werden, die bereits befruchtet sind, und keine weiteren Abmachungen getroffen wurden, steht die Ernte dem zu, der die Palmen befruchtet hat."

XXIV, 3
Ibn Umar berichtet:
„Der Prophet verbot es, bei einem gemeinsamen Mahl zwei Datteln gleichzeitig zu essen, bevor man die anderen um Erlaubnis gefragt hat."

XXVI, 7
Abu Sail al-Khudri berichtet:
Der Prophet sagte zu den Frauen: „Ist es nicht so, dass der Zeugenaussage einer Frau nur das halbe Gewicht der Zeugenaussage eines Mannes zukommt?" Sie erwiderten: „Ja, oh Gesandter Gottes!" – „Der Grund dafür ist euer mangelhafter Verstand!"

XXVIII, 18
Abdullah ibn Umar berichtet, der Gesandte Gottes habe gesagt:
Ich werde die Juden bekämpfen, bis einer von ihnen Zuflucht hinter einem Stein sucht. Und dieser Stein wird rufen: „Komm herbei, dieser Jude hat sich hinter mir versteckt! Töte ihn!"

XXIX, 5
Abdullah berichtet:
Wir waren auf einem Kriegszug und hatten keine Frauen dabei. Daher sagten wir zum Propheten: „Ist es nicht besser, uns kastrieren zu lassen?" Er verbot uns das, erlaubte aber, Frauen für eine begrenzte Zeit zu ehelichen.

XXIX, 7
Gabir ibn Abdullah berichtet:
Als wir uns unserem Ziel näherten, sagte der Prophet: „Lasst euch Zeit und

reitet langsam, damit ihr erst zum Einbruch der Nacht in Medina ankommt. Denn die Frauen sollen noch Zeit finden, sich zu kämmen und ihr Schamhaar zu rasieren!"

XXXIV, 15
Abu Huraira berichtet:
Der Prophet sagte: „Der böse Blick ist Realität!" Und er verbot das Tätowieren.

XXXI, 14
Abdul Aziz berichtet:
Jemand fragte Anas: „Hat der Prophet etwas über den Knoblauch gesagt?" Ja, er sagte: „Wer Knoblauch gegessen hat, soll sich ja nicht unserer Moschee nähern!"

Die Hadithe sind also 200 bis 300 Jahre nach den behaupteten Ereignissen millionenfach niedergeschrieben worden. Es ist natürlich für jedermann ersichtlich, dass der Authentizität von Zitaten, die über Jahrhunderte mündlich tradiert wurden, und das in riesigem Umfang, mit größter Skepsis zu begegnen ist.

Ibn Hisham schreibt in seiner Einleitung: „Und schließlich werde ich solche Nachrichten nicht wiedergeben, über die zu sprechen widerwärtig ist, einige Leute verletzen würde oder die mir Bakkai [der Vermittler des Textes] als nicht gesichert angegeben hat."

Im 9. Jahrhundert entwickelte sich eine wahre Hadith-Industrie. Hadithe wurden gegen Bestellung und Bezahlung ausgestellt, Machthaber ließen sie sich zu ihrer Legitimation anfertigen. Ein gewisser al-Audscha gab zu, 4000 Hadithe frei erfunden zu haben.[39] Er wurde zwar dafür hingerichtet, aber das eigentliche Problem war damit nicht beseitigt.

Abu Dawud, Autor einer der offiziellen Sammlungen, gab an, von 500000 Hadithen nur die 4800 übernommen zu haben, „die authentisch erscheinen, oder fast". Al-Buhari, der prominenteste Hadith-Editor, erkannte von 600000 Erzählungen „nur 7400" als authentisch an. Bei vorsichtig geschätzten 1,5 Millionen Hadithen als Rohmaterial nur der offiziellen Herausgeber müssten

[39] McDonald, Development of Muslim Theology, Jurisprudence and Constitutional Theory. New York 1903.

das mindestens drei Millionen individuelle Überprüfungen der Übermittler gewesen sein, mindestens 200 Jahre zurückreichend …

Die auch gegenwärtig betriebene „islamische Wissenschaft“ *ilm al-ridschal* beschäftigt sich mit den Vermittlern von Hadithen. Sie hat sich zur Aufgabe gestellt, „die Lebensumstände und die wissenschaftliche Qualifikation“ der Überlieferer von damals zu überprüfen. Man muss sich allerdings fragen, was im islamischen-religiösen Kontext „Wissenschaft“ überhaupt bedeuten soll, und möchte gerne wissen, wie genau die wissenschaftliche Arbeitsweise aussieht. Mit einer allgemein akzeptierten Definition von Wissenschaftlichkeit scheint sie jedenfalls nicht viel zu tun zu haben.

Die Anerkennung eines Hadith als „echt“ ist an Bedingungen geknüpft.
Der Überlieferer muss:

- vertrauenswürdig sein und einen einwandfreien Leumund haben;
- im Glauben und religiösem Verhalten tadellos sein;
- die Gewähr bieten, die Angaben auch richtig verstanden zu haben;
- mehr als nur einen Hadith überliefert haben.

Die Überlieferung muss:

- ausdrücklich feststellen, dass das Berichtete von Muhamad persönlich stammt;
- eine lückenlose Kette von Gewährsmännern aufweisen;
- vom Inhalt her in die Zeit Muhamads passen.

Man möge sich in Erinnerung rufen: Wir sprechen von der Notwendigkeit einer millionenfachen Überprüfung einer Kette von Personen hinsichtlich Lebensdaten und Charaktereigenschaften, etwa 1 400 Jahre zurückliegend, die über fünf bis sechs Generationen umfassende Informationen vorwiegend als Zitate in wörtlicher Rede und ohne schriftlichen Beleg unverfälscht weitergegeben haben sollen.

Wer mag, nenne es ein Wunder, den Begriff „Wissenschaft“ lasse man aber bitte aus dem Spiel.

Hadithe haben für Muslime allerdings fast dieselbe Bedeutung wie Koranverse, weil Gott durch den Propheten in ihnen spreche. Sie sind, weil durch den Volksmund überliefert, für jeden verständlich abgefasst, und es fehlt die große, ehrfürchtige Distanz, wie sie zum Koran besteht.

Der Herausgeber der Buhari-Hadithsammlung (Reclam) schreibt in seiner Einleitung: *„Nichtmuslimische Leser werden bei der Lektüre vieles erfahren, was ihnen fremd und merkwürdig erscheinen mag. Sie nähern sich der Intimsphäre einer fremden Kultur.“*

Wohl wahr, sie nähern sich der Intimsphäre, aber keinen Schritt den Tatsachen.

Hadithe geben über weite Strecken Belanglosigkeiten des Alltags wieder. Sie sind aber umso wichtiger für den Gläubigen, weil er daraus Handlungsanweisungen für die Situation findet, auf die er eine Antwort sucht. In jedem islamischen Land gibt es beliebte Zeitungsrubriken, Radio- und Fernsehsendungen, in denen das Publikum zu konkreten Lebenssituationen Fragen stellen kann und der Autor oder Moderator das passende Hadith dazu liefert.

Allerdings gibt es auf Fragen von heute die Antworten von gestern – ein Grundproblem islamischen Denkens.

Hadithe werden auch bei juristischen Fragen herangezogen und einzelne Wörter auf die Waagschale gelegt. Zahllose Köpfe sind gerollt und zahllose Hände in den Sand gefallen, abgeschlagen auf der Basis von Hadithen.

Auf den Abfall vom Islam steht die Todesstrafe. Dies aufgrund eines einzigen Hadith: *„Töte den, der seine Religion wechselt.“* Im Koran selber aber gibt es keine korrespondierende Stelle. Ein einziger „Spruch“, aufgetaucht von irgendwoher, kann über Leben und Tod entscheiden.

Auch Korangelehrte sind sich der Problematik der Hadithe bewusst. Zu allen Zeiten, bis in die Gegenwart, wurde und wird an ihrer Bereinigung gearbeitet. Die falschen sollen aussortiert werden, die authentischen beibehalten. Nur, auf welcher Grundlage? Mit welcher Methodik? Nach welchen Kriterien? Mit welcher Logik?

Gewöhnlich musste ein Hadith eine Lücke von 300 Jahren bis zur Niederschrift überbrücken.

Wie sollte man so lange im Nachhinein, von der Gegenwart erst gar nicht zu sprechen, eine zweifelsfreie Kette von Überbringern rekonstruieren, die den Inhalt eins zu eins transportierten? Wo doch der Inhalt meist aus wörtlicher Rede besteht, wo jeder Buchstabe, jedes Satzzeichen zählt?

Das wäre so, als würden wir heute das Leben und die Taten Napoleons samt seiner wörtlichen Reden ausschließlich auf der Basis von Erzählungen beschreiben, die über die Generationen hinweg an uns weitergegeben wurden. Welche Verlässlichkeit hätte das?

Es geht dabei nicht nur um einzelne Passagen, sondern um das gesamte Konstrukt des Lebens und Wirkens des Propheten, denn die Beschreibungen seines Lebens (*Sira*) basieren auf den Hadithen.[40]

Hier zeigt sich in aller Schärfe das Islam-immanente Grundproblem der Quellen: Geschichten vom Hörensagen werden als Tatsachen ausgegeben. Quellenforschung im wissenschaftlichen Sinne ist nicht existent.

Wikipedia meint: *„Allerdings unterscheidet sich die Sira-Literatur dadurch von der Hadith-Literatur, dass sie im Allgemeinen nicht durch die Kette der Überlieferung gesichert ist.“*

Wenn man die „Kette der Überlieferung“ als gesichert ansieht, was ist dann überhaupt noch „nicht gesichert“? Durch den Eingang kommt ein Märchen herein und verlässt den Ausgang als gesichertes Faktum?

Und: *„Nach dem heutigen Forschungsstand gilt die Sira in ihrem Kern als eine weitgehend authentische, historische Quelle; ausgenommen nur einige Passagen.“*

Gerade das Gegenteil ist der Fall. Der Wissenschaftler möge sich melden, der in der Sira, oder in den Hadithen und ihren Derivaten, eine „authentische und historische Quelle“ sieht.

Mündliche Überlieferungsketten, über Jahrhunderte reichend, Ereignisse und Zitate in Erzählform tradierend, mögen ein grob umrissenes Bild von den Lebensumständen und der Denkweise vergangener Zeiten vermitteln. Aber auch das eingeschränkt, denn: „... wenn jemand keine Informationen aus dem 7. Jahrhundert hat, außer den Informationen, die aus dem 9. Jahrhundert oder noch später stammen, dann weiß er noch nichts über das 7. Jahrhundert. Er weiß lediglich, was Menschen im 9. Jahrhundert über das 7. Jahrhundert gedacht haben.“[41]

Weil die Quellen vollkommen obskur und nicht verifizierbar sind, kann man die Hadithe letztlich als eine Märchensammlung bezeichnen. Zwar

---

40 Auf den Hadithen und ähnlichen Überlieferungen basiert die in der islamischen Welt wichtigste Quelle über den Propheten, das „Buch der Heilung mittels Kundgabe der Rechte des Erwählten“ von Ijad al-Jashubi, gest. 1148. Der Autor stellt auch gleich klar, dass Zweifel an Muhamad mit dem Tode zu bestrafen seien, leistet sich aber den (Freud'schen?) Lapsus, den Muhamad in seiner ursprünglichen, korrekten Titulierung als den muhamad, den „Erwählten“, zu bezeichnen.

41 Yehuda D. Nevo/Judith Koren, „Crossroads to Islam“, New York 2003.

mögen auch Märchen einen gewissen wahren Kern enthalten, aber die Kriterien für eine wissenschaftlich verwertbare Quelle erfüllen sie sicher nicht. Wie viele Hadithe aktuell zirkulieren und wie viele anerkannt sind, vermag niemand zu sagen. Das mag ein Thema sein für islamische „Hadithforscher", aber nicht für seriöse Historiker. Denn als historische Quelle sind Hadithe ohne Bedeutung.

Die „Goldenen Zeiten" des Islam

„Moses, Jesus, Muhamad – diese Verbrecher."

Der „islamische" Philosoph ar-Razi (865–925)

„Die Quelle des Unglaubens liegt darin, solch grässliche Namen wie Sokrates, Hippokrates, Plato und Aristoteles überhaupt gehört zu haben."

Der islamische „Philosoph" al-Ghazali (1058–1111)

Ob der ehemalige ägyptische Staatspräsident Gamal Abdel Nasser, ob Saddam Hussein, ob ein beliebiger Prediger beim Freitagsgottesdienst, ob ein gläubiger Journalist in einer Zeitungsredaktion oder Osama bin Laden in den afghanischen Bergen: Jeder beruft sich auf die „Goldenen Zeiten" des Islam.

Was ist mit diesen „Goldenen Zeiten" gemeint?

Zunächst einmal wird unter der „Goldenen Zeit" die Lebenszeit des Propheten verstanden und die Zeit seiner unmittelbaren Nachfolger, der „Rechtgeleiteten Kalifen".

„Golden", weil zu jener Zeit die Offenbarungen des Propheten, also das Wort Gottes, Gesetz gewesen sein sollen. Der Prophet selber habe über die Einhaltung gewacht – also schlichtweg der Idealzustand für einen gläubigen Muslim. Auch die sozialen Umstände seien ideal gewesen. Dies habe sich auch noch unter den unmittelbaren Nachfolgern des Propheten fortgesetzt, die alle aus seinem Verwandtenkreis gestammt hätten.

Wie wir wissen, ist die historische Existenz des Propheten in Abrede zu stellen. Was wir über ihn in islamischen Berichten lesen, kommt nicht über den Standard frommer Legenden hinaus. Allein aus diesem Blickpunkt erscheint es objektiv wenig sinnvoll, aus einer solchen Sachlage ideale Verhältnisse extrahieren zu wollen.

Anders sieht es aus dem Blickwinkel eines Gläubigen aus. Sicher, die in der Wüste lebenden Menschen bewegten sich am Rande des Existenzminimums, in schweren Zeiten gar am Rande des Hungertodes. Noch bis ins 19. Jahrhundert gab es immer wieder kriegerische Ausbrüche aus der arabischen Sandwüste heraus bis ins mesopotamische Kulturland und nach Nordafrika, diktiert von purer Not.[42] Man darf auch annehmen, dass simple beduinische Raubzüge später zu islamischen Glaubensexpeditionen umgearbeitet wurden.

Gut, die Lebensumstände mögen, materiell betrachtet, erbärmlich gewesen sein – aber man könnte theoretisch trotzdem eine sozial organisierte „ideale Gesellschaft" postulieren.

Wie kann diese Gesellschaft ausgesehen haben? Genauso, wie sie sich im Koran manifestiert: Auge um Auge, Zahn um Zahn. Es herrschte das Gesetz der Wüste, das wenig Sentimentalitäten zuließ. Eine Männergesellschaft, bei der im Wesentlichen das Recht des Stärkeren galt. Muhamad selber ist nach den traditionellen Berichten das beste Beispiel dafür: Einmal an die Macht gekommen, gab er Morde für missliebige Personen in Auftrag und brach Dutzende von Scharmützeln und Kriegen vom Zaun. (Diese werden heute von der *umma,* der „Gemeinschaft der Gläubigen", gefeiert oder zumindest als unvermeidlich dargestellt.) Es gab nur ein Buch – sein Buch. Ein Gesetz – sein Gesetz, das alle Aspekte des damaligen sozialen und religiösen Lebens abdecken sollte.

Ob das jetzt tatsächlich stattgefunden hat oder nicht – das eigentliche Problem kam viel später: dann nämlich, als man die als ideal postulierten Verhältnisse in andere Lebensräume und Epochen zu transferieren suchte. Das kommt der Weigerung gleich, geschichtliche, soziale und technische Entwicklungen, also schlicht den Fortgang der Zeit, anzuerkennen.

Die Geschehnisse, die „golden" gewesen sein sollen, fanden im „Mittelalter" statt – aber in welchem Mittelalter? Das Byzantinische Reich war in dieser Zeit sicher am weitesten entwickelt, ähnlich auch die arabischen Kernländer. Europa hinkte diesen beiden Regionen im Mittelalter deutlich nach; aber in der arabischen Wüste herrschten – trotz des Gebrauchs von Eisen – bronzezeitliche Verhältnisse, wenn überhaupt.

Man mag sich seine eigene Meinung bilden darüber, was an archaischen Verhältnissen einer Hungergesellschaft in der Wüste „golden" gewesen sein soll, und besonders, was von einer Transferierung eben jener Verhältnisse in das 21. Jahrhundert zu halten ist. Diese Fixierung auf eine längst vergangene

---

42 In Ägypten gibt es noch heute Dörfer ehemaliger, nicht mehr zurückgekehrter arabischer Plünderer aus dem 19. Jahrhundert, die von der eingesessenen Bevölkerung gemieden werden und mit denen keine Verheiratungen stattfinden.

Zeit in einem extremen Lebensraum, mit Akteuren, von denen wir eigentlich nichts wissen, ist ein Klotz am Bein der heutigen Muslime – jedenfalls jenes Teils, der sich diese Verhältnisse zurückwünscht.

Zur „Goldenen Zeit" gehören auch die gewaltigen Eroberungen unter der grünen Flagge des Propheten. Innerhalb von 80 Jahren soll das islamische Heer aus der Wüste die arabische Halbinsel erobert haben. Dazu noch Syrien, Palästina, den Irak, Persien bis nach Indien und China, den Kaukasus, Ägypten, Nordafrika und Spanien. Viel Holz in der kurzen Zeit.

Es soll damit begonnen haben, dass die Truppen des Propheten 629 in Palästina einfielen. Die Eroberung muss aber nicht nachhaltig gewesen sein, denn 633 stieß ein weiteres muslimisches Heer aus Mekka nach Syrien vor. Das liest sich in kurz gefasster Zusammenschau muslimischer Darstellungen so:

Das Heer kam nur langsam voran, bis der Kalif Abu Bakr weitere Truppen, die simultan dazu Mesopotamien eroberten, mit den Worten herbeizitierte: „Beeilt euch, beeilt euch, die Eroberung eines syrischen Dorfes kommt mir teurer zu stehen als die Eroberung des gesamten Irak." So verstärkt, konnte das Heer die Byzantiner „südlich von Jerusalem schlagen". Man kennt den angeblichen Schauplatz nicht genau, man kennt nicht das Jahr, aber man kennt die Details, wenn auch plötzlich der Feldherr ein gewisser Khaled al-Walid ist, „der größte Feldherr aller Zeiten". Zahlenverhältnis: Muslime 32 000, Byzantiner 90 000. Zur Einstimmung schickte Walid einen bekannten Vorkämpfer vor die Front. Der stellte sich vor die Reihen der Römer und schrie:

„‚Ich bin der Tod eurer aschfahlen Häupter. Ich bin der Mörder der Römer. Ich bin die Geißel, die zu euch gesandt wurde, ich bin Zarrar, Sohn von Azwar.'

Als sich ein römischer Offizier bewegte, um die Herausforderung anzunehmen, riss sich Zarrar seine Rüstung vom Leib und warf seinen Schild hinfort. Die Römer erkannten ihn. Ihnen war bekannt, dass er Dutzende Veteranen getötet hatte, darunter die Generäle von Tiberias und Amman. Sofort bewegte sich eine größere Gruppe auf Zarrar zu; als General Walid diesen feigen Zug erkannte, stürzte er sich sofort in den Kampf, es war wahrlich ein unfairer Kampf, nur zehn Römer gegen den größten Schwertkämpfer aller Zeiten. Sie waren keine Herausforderung für Khaled, er tötete sie schnell und gnadenlos."[43]

[43] Aus: islamreligion.com, 2009.

637, 638 oder 639[44] kam es zur „entscheidenden Schlacht“ von Kadesia im Irak. Die islamischen Quellen kennen zwar die Jahreszahl nicht genau, aber dafür wieder die Details: 100 000 Persern mit Kriegselefanten standen 30 000 Muslime gegenüber. Es war ein zähes Ringen, aber als schließlich ein Wüstensturm den Persern entgegenblies, war es um sie geschehen.[45]

636 kam es zur „alles entscheidenden Schlacht“ am Yarmuk (Jordan): 200 000 Byzantiner gegen 25 000 Muslime. Sie wurde gewonnen, weil die „Perser und Römer“ uneins waren und ein starker Südwind ihnen Staub ins Gesicht wirbelte.

638, nach anderen islamischen Quellen 634, eroberten die Muslime Jerusalem.

639 eroberten sie die persische Provinz Khuzistan, 640 Kairo und 642 Alexandria.

Ebenfalls 642 fand eine weitere „alles entscheidende“ Schlacht bei Nehawend im Iran statt. 150 000 Perser standen weniger als 10 000 Muslimen gegenüber, die Windrichtung ist diesmal nicht überliefert. Aber die Muslime schlugen die Perser, die entsetzt in alle Windrichtungen davonstoben.[46]

Die siegreichen islamischen Heere stießen weiter in zwei Marschsäulen nach Indien und China vor. Unterwegs, am Fluss Talas, wurden die Chinesen 751 abgefertigt, in „einer weiteren Entscheidungsschlacht der Weltgeschichte“ (diesmal *Wikipedia*, 2009) und – man staune – vom „Abbasidenkalifat“. Das Erstaunen wird noch größer, wenn an anderer Stelle die islamische Geschichtsschreibung präzise im selben Jahr einen legendären Abu Muslim die Omayaden aus genau diesem Gebiet vertreiben ließ, eine„schiitische Revolte“ unterdrückte und sich auch noch mit dem Kalifen überwarf. Strafexpedition, interner Glaubenskrieg, Vernichtung des chinesischen Heeres: alles am selben Ort zur selben Zeit.

Parallel dazu war ein islamisches Heer unterwegs, um Nordafrika, Spanien und Südfrankreich zu unterwerfen.

Die Besetzung Russlands bis zur Wolga wollen wir uns sparen.

---

44 Zur Erinnerung: Erst kurz zuvor, in mehreren Schlachten zwischen 622 und 627, wurde das persische Reich von Kaiser Herakleios vernichtend geschlagen.

45 Das Interessanteste an der angeblichen Schlacht von Kadesia ist, dass 1980 der irakische Diktator Saddam Hussein dieses Ereignis benutzen sollte, um es als leuchtendes Beispiel für seinen Krieg gegen den Iran hinzustellen.

46 In einem Forumsbeitrag auf der Website politik.de aus dem Jahr 2009 heißt es: „Das kann kein Zufall sein, immer unterlegen zu sein, aber dennoch erfolgreich zu siegen.“

Die Muslime betätigten sich in Erfüllung einer Voraussage des Propheten unter dem Kalifen Umar ibn al-Chattab (vulgo: das Schwert Gottes[47]) auch als Seemacht und trafen damit nach islamischer Darstellung „den Lebensnerv von Byzanz". In der Seeschlacht von Phoinix, auch bekannt als „Krieg der Masten", errangen sie demnach einen glorreichen Sieg. Danach hätten die Byzantiner sehr ungeschickt agiert, weil sie in zu enger Formation fuhren und den Muslimen daher Gelegenheit gegeben hätten, von Boot zu Boot springend die Seeschlacht in eine Landschlacht zu verwandeln. Die muslimische Flotte habe zwar aus Christen bestanden, die aber begeistert und willig unter den Muslimen ihren Dienst versehen hätten. Die Flotte sei dann vor Byzanz „am griechischen Feuer" gescheitert, allerdings sei der Kaiser den Muslimen tributpflichtig geworden.

Zur Erinnerung an die Wirklichkeit: Gerade das Gegenteil ist der Fall. Muawiya/Maavia – er hatte als Einziger eine Flotte gegen Byzanz geschickt – wurde tributpflichtig (3 000 Goldstücke pro Jahr plus Sachleistungen) und wegen des Misserfolges abgesetzt. Auch sein Nachfolger Malik setzte die Zahlungen an Byzanz fort, wie wir wissen. Autor der genannten Begebenheit ist im Übrigen der uns schon bekannte Märchenonkel Tabari, er schrieb dies um 900, also rund 200 Jahre nach den behaupteten Geschehnissen. Fast überflüssig zu erwähnen, dass der gute Umar ibn al-Chattab historisch nicht belegt ist.[48] Nicht eine der zahlreichen „Entscheidungsschlachten" der Muslime ist dies.

In unabhängigen Quellen wird zwar – ohne nähere Angaben über die Kontrahenten – von zahlreichen Scharmützeln aus dieser Zeit berichtet, dies dürften indes Positionierungskämpfe zwischen ehemals persischen und byzantinischen Parteigängern, zwischen selbstständig gewordenen Emiren und Alteigentümern gewesen sein.

Nach 627, der endgültigen Niederlage Chosraus II. bei Ninive gegen Herakleios, war keine persische Macht mehr existent, die die Muslime auf ihrem

---

47 „Sayfu l-Lahi l Maslul".

48 Trotzdem gibt es eine Dissertation über seine schier übermenschlichen Leistungen an der Philosophischen Fakultät Köln: Halte Uenal, „Die Rechtfertigung der juristischen Urteile des zweiten Kalifen ‚Umar Ibn Al-Hattab'", Köln 1982.
Nach anderer Meinung war Omar allerdings ein ganz Schlimmer: „Omar ibn Khattab war in Wirklichkeit ein Agent für die Juden und von dieser Zeit an begann die jüdische Unterwanderung der Muslime" (alhaq.de/biografien/, 2009)

Eroberungszug Richtung China hätten vernichten können, und Herakleios selber war auf dem Höhepunkt seiner militärischen Macht.

Das große Problem, hier wie in der gesamten islamischen Frühgeschichte, sind die Quellen. Es sind ausnahmslos islamische Quellen, und es sind ausnahmslos spätere Darstellungen. Alle diese einschlägig bekannten Autoren,[49] auf die immer wieder zurückgegriffen wird, schrieben ihre detailreichen, zitatgespickten Geschichten sehr viel später – und auf der Basis nicht belegter Quellen. Diese Geschichten handeln von Ereignissen („Entscheidungsschlachten") oder Personen („Kalifen"), die nicht belegbar sind. Keine der Jahreszahlen stimmt, weil diese sich auf Legenden beziehen und weil die nachträgliche Rückinterpretation in den Mondkalender eine häufig nachgewiesene Fehlerquelle in sich darstellt. Alles, was diese Autoren an Quellen bieten können, sind die bekannten „Gewährsmänner" in der Tradition einer Kette mündlicher Erzählungen.

Aus den ersten beiden Jahrhunderten, also der Zeit Muhamads und der Eroberungen, existieren keinerlei islamische Quellen, außer man wirft jeglichen wissenschaftlichen Standard über Bord und erkennt Geschichten ohne belegte Quellen als Geschichte an. Wer dies tut, schließe sich Sayyid Qutb[50] an, der behauptete, Geschichte findet für den Islam nicht statt, weil er sich in „außergeschichtlichen Dimensionen" bewege. Wie flexibel man in islamischer Betrachtungsweise mit historischen Fakten umgeht, mag folgendes Zitat belegen:

„Aber auch das eigentliche historische Geschehen, die Darstellung der Ereignisse und ihre Erklärung werden unterschiedlich ausfallen, je nachdem, ob der Historiker ein unmittelbares göttliches Wirken in seiner Vorstellungswelt zulässt oder nicht."[51]

Im weiteren Verlauf seiner Ausführungen macht sich der zitierte Herr Laabdallaoui für die Anerkennung von Wundern auch in der Geschichtsschreibung stark. Spricht er von Historikern oder von *quasas*, den orientalischen Geschichtenerzählern ? Es würde vielleicht doch einen gewissen Unterschied ausmachen. Natürlich ist denkenden Gläubigen klar, dass die Gescheh-

---

49 „Annales" von Tabari (gest. 922), die Hadithsammlung von Buhari (gest. 870), die „Geschichte der Kriegszüge" von Al Wakidi (gest. 822), „Generationen" von Ibn Saad (gest. 845).

50 Islamischer Theoretiker, Ägypten 1906–1966. Mehr darüber im Kapitel „Wer hat uns das angetan!"

51 Aus: muhamad.islam.de, 2009, der offiziellen Website des Zentralrates der Muslime in Deutschland.

nisse logisch nicht möglich sind. Deshalb bleibt gar keine andere Wahl, als die Existenz von Wundern zu postulieren oder die Unanwendbarkeit historischer Prozesse für den Islam zu reklamieren. Vielleicht sollte man doch die westliche Unart beibehalten, Forschung und Geschichtsschreibung auf Fakten und überprüfbare Sachverhalte zu basieren.

Die Christen desselben Raumes haben zu derselben Zeit jedoch nicht nur eine Fülle von Literatur hinterlassen, sondern sogar eine weitreichende Missionstätigkeit entfaltet. Man betrachte die leidenschaftlichen Auseinandersetzungen untereinander, die Themen, die ihre Gemüter erhitzten und die reichen literarischen Niederschlag fanden. Themen, die höchst akademisch waren und absolut nebensächlich zu nennen sind im Vergleich mit der Konfrontation und Bedrohung in ganz anderen Dimensionen durch eine andere Religion. So, wie die Vorgänge im traditionellen Bericht beschrieben sind, ist der Islam wie ein Wirbelwind durch die halbe damalige Welt gezogen. Warum erzählen uns die Hauptbetroffenen, die Christen und die vielen Angehörigen anderer Religionen, nichts davon?

Weil sie die Muslime als Befreier begrüßten? Weil die Befreier so tolerant waren, wie es die Tradition uns weismachen will?

Es gibt nun Versuche, diese Ereignisse mit außerislamischen Quellen zu belegen. Die üblicherweise genannten Namen sind Sophronius, Maximus der Bekenner, Thomas der Presbyter, Sebeos aus Armenien, Johannes von Damaskus und einige andere mehr.

Sofern sich die Texte zeitlich und den Autoren gesichert zuordnen lassen, ergibt sich ein sehr eindeutiges Bild.[52]

Es wird viel über „Sarazenen, Ismailiten, Hagariten“ berichtet, damals übliche Synonyme für „Araber“. Diese werden als „Häretiker“ wahrgenommen, in keinem Fall aber als Angehörige einer anderen Religion, geschweige denn des Islam. Diese Religionsbezeichnung ist im beschriebenen Zeitraum nicht existent.

Häretiker sind Abweichler von der eigenen Religion – genau das waren die arabischen Christen des 7. bis 9. Jahrhunderts und in abnehmendem Maße wohl auch noch später. Erhellend ist ein überliefertes Gespräch zwischen dem

---

52 Karl-Heinz Ohlig, „Hinweise auf eine neue Religion in der christlichen Literatur ‚unter islamischer Herrschaft‘?, „Der frühe Islam“, Berlin 2007.

Patriarchen Johannes und einem Emir aus dem Jahre 644, also kurz nach Maavias Machtübernahme.[53] Worüber wird diskutiert? Neben Verwaltungsfragen über die Verschiedenheit der einzelnen Konfessionen, über Abraham, Moses und Maria – und natürlich über die Natur Jesu. Der Emir könnte Ibn As oder Ibn Saad gewesen sein. Nach Nevo und Koren[54] „ist der Emir mit Sicherheit kein Muslim. Er zeigt keinerlei Kenntnis oder Anhängerschaft, er erwähnt nie Muhamad, Koran oder Islam".

Für solche Fälle allerdings – wie übrigens auch im Falle Maavias – hat die islamische Darstellung die *Taqiyya*-Keule zur Hand: *Taqiyya* ist die im Koran[55] sanktionierte religiöse Verstellung, sich aus einer Notsituation zu retten oder aus der vorgespielten Freundschaft mit einem Ungläubigen einen Vorteil zu ziehen. Der Emir hätte danach also aus taktischen Gründen nur so getan, als wäre er kein Muslim.

Man stelle sich vor, dem besessen religiösen Byzanz wird innerhalb kürzester Zeit von Wüstenkriegern im Namen einer neuen Religion die Hälfte des Reiches abgenommen. Die Perser verlieren ihr gesamtes Herrschaftsgebiet. Und sie bemerken es nicht? Beide haben einen ausgefeilten bürokratischen Apparat, beide sind emsige Protokollierer. Und sie berichten nichts davon? Millionen betroffener Christen, Heiden, Zoroastrier, Buddhisten merken nichts von der Überwältigung durch eine neue Religion? In diesen Zeiten höchsten religiösen Bewusstseins soll von deren massivem und militantem Auftauchen nicht berichtet worden sein?

Eine vollkommen absurde Vorstellung, all das.

Die einzige nach dem jetzigen Wissensstand mögliche Erklärung ist, dass die in der traditionellen Darstellung geschilderten Ereignisse niemals stattgefunden haben. Man kann, ohne jemandem Unrecht zu tun, bei den islamischen Berichten nicht von Geschichtsschreibung reden. Es sind Geschichten, Märchen aus dem Morgenlande. Das Gespenstische dabei ist, dass diese im Wesentlichen auch das Geschichtsbild der westlichen Öffentlichkeit geprägt haben. Ist gar von einem neuen Wunder zu berichten?

Die „Goldenen Jahre" der islamischen Eroberungen – es hat sie nie gege-

---

53 F. Nau, „Un colloque de Patriarch Jean avec l'émir des Agareens", in: Journal Asiatique, 1915.

54 Yehuda D. Nevo/Judith Koren, „Crossroads to Islam", New York, 2003.

55 Unter anderem Sure 3:28, 29.

ben. Aber es hat die goldenen Jahre der arabischen Selbstbestimmung, der Loslösung von den beiden gewaltigen Machtblöcken der Region gegeben, die den Grundstein legten zu einem arabischen Reich und einem arabischen Bewusstsein. Erst nachträglich wurde diese spezifisch arabische Geschichte in eine islamische Geschichte umgedeutet.

Arabische Aristoteliker

Im Jahr 1377 saß der arabische Historiker Ibn Chaldun auf einer Bergfestung in der nordafrikanischen Wüste und räsonierte über den geistigen Verfall in den islamischen Reichen und dessen Ursachen.

Es war dieselbe Zeit, als die oberitalienischen Handelsstädte einen bedeutenden wirtschaftlichen Aufstieg nahmen und zugleich einen gewaltigen Aufschwung der Künste und Wissenschaften einleiteten – das, was wir heute Renaissance nennen.

„Wir hören, dass die philosophischen Wissenschaften jetzt im Lande Roms und längs der anschließenden nördlichen Küste im Land der europäischen Christen sehr kultiviert werden. Die vorhandenen systematischen Darstellungen sollen umfassend sein, und die Leute, die sich darin auskennen, sollen zahlreich sein, der Studenten viele.“[56]

Die umfassenden systematischen Darstellungen, von denen Chaldun spricht, hatten die „nördlichen Länder“ von den Arabern erhalten. Es waren meist lateinische Übersetzungen arabischer Schriften, die ihrerseits wiederum aus dem Griechischen ins Aramäische und Arabische übersetzt worden waren.

Ibn Chaldun sieht sich in seinem Selbstverständnis als Angehöriger einer Kultur, die das Wissen vergangener Kulturen in sich vereint und weiterentwickelt hat. Dass die ungläubigen Barbaren womöglich jetzt dieses Erbe antreten, irritiert ihn. Er ahnt, dass die große Zeit der arabischen Wissenschaften zu Ende geht. Er weiß aber nicht, dass er der Letzte seiner Zunft ist.

Um 750 war die Macht der Marwiden zu Ende gegangen, ihre Nachfolger, vulgo die „Abbassiden“, errichteten ihre Residenzen weiter im Osten, vornehmlich in Bagdad und Samarra. Unter der Regentschaft einiger ihrer

56 Ibn Khaldun, „The Muqaddimah“, New York, 1958.

Herrscher erlebten die Wissenschaften eine wahre Blüte. Hier wurde der Grundstock zur weithin geteilten Meinung gelegt, das islamische Mittelalter sei dem europäischen weit überlegen gewesen: Das sind die „Goldenen Zeiten" der islamischen Wissenschaften.

Jakub ibn Ishak al-Kindi wurde um 800 in der Kulturstadt Kufa in Mesopotamien geboren.

Es war die Regierungszeit des wissbegierigen und aufgeklärten Herrschers Mamun in Bagdad. Über den Bildungsweg al-Kindis wissen wir nicht näher Bescheid, aber er wurde zum Privatlehrer eines Neffen Mamuns, des späteren Herrschers Mutasim bestellt. Einige seiner Unterrichtsmaterialien sind uns überliefert. Etwa eine Erörterung darüber, warum die Erde als Kugel frei im Raum schweben könne. Ein weiteres Traktat behandelt das Rechnen mit „indischen Zahlen". Dies ist genau jenes Zahlensystem, das wir als „arabische Ziffern" bezeichnen. Es stammt in der Tat aus Indien und gelangte über die arabische Vermittlung nach Europa.

Ebbe und Flut versuchte al-Kindi durch die Reibungswärme des Mondes beim Umlauf zu erklären. An anderer Stelle versuchte er eine logische Brücke zu koranischen Aussagen zu schlagen, etwa der, wonach sich Sterne und Bäume anbetend vor Gott niederwürfen. Er sieht dahinter das Prinzip der absoluten Gesetzmäßigkeit – wenngleich er den Gestirnen Gesichts- und Gehörsinn zuschreibt. Seine Schrift über „Ursache und Wirkung" widmete er Mamun. Damit stellt er sich in schroffen Gegensatz zu einem der Hauptsätze der koranischen Lehrmeinung, die Kausalität strikt ablehnt und dafür den Willen Gottes postuliert.

Seine Denkansätze basieren auf Aristoteles und Ptolemäus, durchsetzt mit altorientalischen Traditionen; besonders nahe scheint er den altbabylonischen Sternanbetern gestanden haben. Al-Kindi hat mehr als 200 Schriften hinterlassen. Er scheint bisweilen konfus und unfertig, aber im Zentrum steht bei ihm die Propagierung des selbstständigen Denkens. Er selber titulierte sich mit dem Fremdwort „Philosoph" und unterstrich unablässig die Wichtigkeit der Erkenntnis der Wahrheit, gleichgültig, woher diese stamme. Er markierte den Anfang einer Reihe arabischer Philosophen. Sein Denken ist der koranischen Lehre diametral entgegengesetzt.

Hunain ibn Ishak (808–873) stammte aus al-Hira im südlichen Mesopotamien (ein Ort mit einer bekannt religiös aktiven, christlich-arabischen Bevölkerung).

Sein Vater war Apotheker, der Sohn wollte Arzt werden und gelangte so nach Bagdad. Er besuchte die Vorlesungen eines gewissen Juhana ibn Masawahai, wie Hunain ebenfalls arabischer Christ und Leibarzt des Kalifen. Lehrmaterial waren wie üblich die griechischen Autoren, ganz besonders der berühmte Mediziner Galen aus Pergamon. Aus irgendeinem Grunde (er war angeblich zu vorlaut) wurde Hunain von seinem Lehrer der Vorlesungen verwiesen, eine Wanderschaft durch verschiedene Städte folgte, darunter wahrscheinlich auch Byzanz. Nach sechs Jahren nach Bagdad zurückgekehrt, begann er wissenschaftliche Standardwerke aus der Antike ins Arabische oder in die von seinem jeweiligen Auftraggeber gewünschte Sprache zu übersetzen. Er beherrschte meisterhaft antike und alle gängigen regionalen Sprachen. Aufgrund seiner medizinischen Ausbildung hatte er die allerbesten Voraussetzungen für fachspezifische Übersetzungen, sein Spektrum umfasste jedoch die gesamten damaligen Wissenschaften. Eine seiner Arbeiten ließ er einmal ohne Namensnennung seinem ehemaligen Lehrer Ibn Masawahai zukommen.

„Der das produziert hat, muss vom Heiligen Geist unterstützt worden sein!", soll dieser zutiefst beeindruckt ausgerufen haben.

Hunain wurde ein derart beschäftigter Mann, dass er bald seinen Sohn und seinen Neffen als Übersetzer der Standardtexte anlernte. Er selber kümmerte sich um die wissenschaftliche Hauptarbeit. Diese begann mit dem Auffinden alter Handschriften. Es waren zahlreiche unvollständig erhaltene Werke erhältlich, als Bruchstücke in verschiedenen Sprachen oder von verschiedenen Kopisten. Hatte Hunain ein bestimmtes Material beisammen, machte er sich ans Vergleichen. Ihm war natürlich bestens bekannt, dass Handschriften immer Fehler enthielten: Verschreibungen, Fehlübersetzungen, Fälschungen. Basierend auf dem Vergleich fertigte er dann die bestmöglichen Übersetzungen an, von denen er einen Katalog erstellte (der erst 1918 gefunden wurde). Er pflegte die Eigenart, die alten Götter, wenn sie in einem Text auftauchten, in den einen Gott, in Engel oder Heilige umzubenennen. Im Gegensatz zu anderen begnügte er sich nicht mit den griechischen Fachausdrücken, sondern schuf arabische Wörter dafür. Er versäumte es auch nicht, in Samarkand, wo die Technik der chinesischen Papierherstellung bekannt war, extraschweres Papier zu ordern. Seine Arbeiten wurden inzwischen mit Silber aufgewogen.[57]

Hunain ibn Ishak war das, was man heute einen wissenschaftlichen Her-

---

57 Gotthard Strohmaier, „Avicenna", München 1999.

ausgeber und Verleger nennen würde. Er starb im Jahre 873 und vererbte der Nachwelt einen bedeutenden Nachlass antiker Autoren. Er war ein großer arabischer Wissenschaftler, aber kein muslimischer.

„Wer hat die Häfen und die Kanäle angelegt, wer hat die geheimen Wissenschaften kundgetan? Wem hat sich die Gottheit offenbart, wem hat sie die Orakel gegeben und zukünftige Dinge gelehrt, wenn nicht den Weisen unter den Heiden? Sie haben all das studiert, sie haben die Heilung der Seelen erläutert und ihre Erlösung kundgetan, sie haben auch die Heilung des Körpers erforscht, und sie haben die Welt mit der Weisheit, der wichtigsten Tugend, erfüllt."

Der das schrieb, war selber Heide: der Mandäer[58] Thabit ibn Kurra, 834 in Harran, das im heutigen Syrien liegt, geboren. Und er war überzeugter Heide. Als er mit Anhängern der gerade aufkommenden neuen Religion diskutierte und diese die Allmacht Gottes in den Mittelpunkt stellten, fragte er zurück:

„Kann euer Gott auch bewirken, dass fünf mal fünf nicht fünfundzwanzig ist?"

Für ihn hatte der neumodische Gott bestenfalls theoretische Allmacht über die Geschöpfe, aber nicht über die Schöpfung selber. Er war selber ein Geschöpf. Der Glaube der Mandäer hatte den alten babylonischen Sternenkult als Wurzel, modifiziert durch den Einfluss griechisch-antiker Denkweise. Als Propheten verehrten sie weise Männer der Vergangenheit, darunter auch griechische Philosophen.[59] Ein überliefertes Motto lautete:

„Plato sagte: Wer sich selbst erkennt, wird göttlich."[60]

Auf der Durchreise durch die Stadt Harran wurde eine hochgestellte Persönlichkeit auf den gebildeten Mandäer aufmerksam und nahm ihn mit nach Bagdad. Dort schrieb Thabit für diese in den Wissenschaften dilettierende Person unter ihrem Namen Abhandlungen und wurde auch so etwas wie freier Mitarbeiter für astronomische Fragen in Hunains Literaturbetrieb. Später wurde er in den Kreis der Hofastronomen aufgenommen und Vertrauter und enger Freund des Herrschers al-Mutatid.

Ausnahmslos waren alle bedeutenden Wissenschaftler und Philosophen zumindest zeitweise bei Hof beschäftigt. Eine Karriere war anders zu dieser

58 In islamischen Schriften als „Sabier" bezeichnet.

59 Man sieht, noch im 9. Jahrhundert bestand eine Vielfalt an Religionen im Reiche der sogenannten Kalifen. Der Islam war keineswegs schon die etablierte, dominierende Religion.

60 Inschrift am Türklopfer eines sabischen Hauses in Harran.

Zeit nicht möglich. Thabit beherrschte als einer der wenigen seiner Umgebung das Griechische perfekt, beschäftigte sich mit Philosophie, Mathematik und Medizin. Unter anderem hinterließ er uns ein Buch über die Fragen, die ein Arzt dem Kranken stellen solle. Er legte auch dar, dass hinter dem Namen „Hippokrates" in Wirklichkeit vier Autoren stecken mussten. Als Mandäer lag aber seine Stärke auf dem Gebiet der Astronomie. Unter anderem hatte es ihm die geringfügig unterschiedliche Länge der Jahre angetan. Ausgehend vom ptolemäischen System, nahm er eine geringe Bewegung der Fixsternsphäre an, die sogenannte Trepidation, die auch noch bei Kopernikus Eingang fand. Thabit kommt in Wolfram von Eschenbachs „Parzival" als Thebit vor. Er starb 901.

Es gibt auch von einer medizinischen Kapazität zu berichten, die ihre Laufbahn als Lautenspieler begonnen hatte: Muhamad ibn Zakarija ar-Razi, 865 in Rajj, dem heutigen Teheran, geboren. Von seiner Biographie wissen wir recht wenig, außer dass er Krankenhäuser in Bagdad und Rajj leitete und mit dem dortigen Emir al-Mansur ibn Ishak gut befreundet war. Dafür ist seine fachliche Hinterlassenschaft umso größer, ar-Razi war der größte Kliniker der arabischen Welt und als *Rhazes* wohlbekannt in Europa. Eine medizinische Enzyklopädie widmete er seinem Mäzen Mansur. Die lateinische Übersetzung des in Europa sehr populären Kapitels 9 hieß „Liber Nonus Almansurus". Es enthielt eine Heilmittelanleitung, zugeordnet den einzelnen Krankheiten von Kopf bis Fuß, und war sogar in einigen europäischen Volkssprachen erhältlich.

Eine weitere in Europa sehr berühmte Abhandlung befasste sich mit Masern und Pocken, die sogar noch in England im 18. Jahrhundert gedruckt wurde, was die Qualität dieses Buches unterstreicht.[61] Bei seinem Tode im Jahre 925 hinterließ ar-Razi eine gewaltige Menge griechischer Exzerpte zu klinischen Fällen, die er durch eigene Beobachtungen und Erfahrungen ergänzt hatte. Diese Hinterlassenschaft wurde von Schülern systematisiert und kam 1486 in Brescia unter dem Titel „Liber Continens" zum Druck, zwei riesige Folianten füllend.

Wie jeder berühmte Arzt seiner Zeit verfügte Rhazes auch über ein großes philosophisches Wissen, denn aus der Philosophie leitete sich zu einem guten

---

61 Ar-Razi, „Über die Pocken und Masern", Deutscher Nachdruck und Übersetzung von K. Opitz, Leipzig 1911.

Teil die medizinische Theorie ab. Die griechischen Philosophen sowie Hippokrates[62] und Galen[63] waren ihm bestens vertraut. Rhazes bewies ein großes Maß an selbstständigem Denken, aber Neuerungen brachte er niemals vor, ohne dem großen Galen Respekt zu zollen:

„In der Tat, es ist mir schmerzlich gewesen, mich gegen den aufzulehnen, der von allen Menschen mich am meisten mit Wohltaten überhäuft hat und mir der hilfreichste war, durch den ich mich habe führen lassen, dem ich gefolgt bin Schritt für Schritt. Aber die Medizin ist eine Philosophie, die keinen Stillstand duldet."[64]

Während Galen der Meinung war, dass die Seele von der Verfassung des Körpers abhängig sei, sagte Rhazes, dass die körperliche Verfassung von der Seele bestimmt werde. Die praktische Konsequenz davon war, dass er den Ärzten empfahl, den Patienten stets Mut zu machen, auch wenn sie sich ihrer Sache selber nicht sicher seien. Auch in der Philosophie ging ar-Razi eigene Wege. In Anlehnung an Demokrit nahm er eine atomare Materie an (Erde, Feuer, Luft und Wasser). Daneben stellte er Gott, die Weltseele, den absoluten Raum und die absolute Zeit, er sah den Kosmos also mehrdimensional. Der Schöpfer der Bibel und des Koran ist nur beigeordnet und nicht wirklich allmächtig. Propheten erkannte Rhazes als notwendige Mittler der Substanz Gottes und der Menschen an, jedoch nicht „die drei Betrüger Moses, Jesus und Mohammed",[65] die nur Zwietracht gesät hätten. Sein „Imam" (er benutzt diesen Ausdruck wörtlich) ist Sokrates.

Spricht so ein Muslim, als der ar-Razi wie selbstverständlich vereinnahmt wird? Rhazes starb im Jahr 925, in seinen letzten Lebensjahren war er erblindet.

Die meisten der arabischen Gelehrten waren auch Ärzte, entweder im Haupt- oder im Nebenberuf. Al-Farabi war „nur" Wissenschaftler – hauptsächlich

62 Hippokrates von Kos, Arzt, ca. 460–370 v. Chr.

63 Römischer Arzt, 129–216 n. Chr.; zusammen mit Hippokrates der bedeutendste Arzt der Antike.

64 Im Gegensatz dazu bedachte Avicenna Galen bei jeder sich bietenden Gelegenheit mit Schmähungen.

65 Es handelt sich um einen viel diskutierten Ausspruch. Wenn er auch möglicherweise nicht von ar-Razi selber stammte, so hat er ihn doch vertreten und populär gemacht. Vgl. Gerhard Bartsch (Hrsg.), „De tribus impostoribus" (Über die drei Betrüger), Berlin 1960.
Wolfgang Gericke, „Wann entstand das Buch ‚Von den drei Betrügern'"? In: Theologische Versuche 8, 1977.

Interpret von Aristoteles und anderen griechischen Philosophen, denen er seine eigene Variante hinzufügte. Die Medizin grenzte er bewusst von der Philosophie ab, weil es ihr Zweck sei, eine praktische Veränderung im Körper hervorzurufen, sie dabei aber nichts mit der Wahrheitsfindung zu tun habe.

„Al-Farabi" heißt nichts anderes als „Der aus Farab", einer Stadt im heutigen Kasachstan, wo er im Jahr 870 geboren wurde. Farabi war wohl ethnischer Kasache. Er soll zeitlebens, sein Äußeres missachtend, in einem schäbigen Kaftan kasachischer Art herumgelaufen sein. Von seiner Jugend wissen wir wenig. Nur, dass er sich schon in jungen Jahren auf den Weg nach dem persischen Harran und dann weiter nach Bagdad machte, wo sich christliche Lehrer seiner annahmen. Die meiste Zeit verbrachte er hier, in seinem letzten Lebensabschnitt ging er nach Aleppo in Syrien an den Hof des Emirs Saif al-Daula. Er begab sich kurz nach Kairo und starb bald nach seiner Rückkehr nach Syrien im Jahr 950. Der islamische Klerus nahm demonstrativ nicht an seiner Beisetzung teil.

Das hatte seine guten Gründe: Denn Farabi lehrte vieles, was den Gläubigen nicht gefallen konnte, obwohl er sich stets um einen Ausgleich zwischen Philosophie und Religion bemühte. In der Hauptsache aber entwickelte er seinen Aristoteles fort. Er stellte die Welt als zusammenhängende Einheit dar: Ihr Ursprung ist zwar Gott, aber nicht als Schöpfer, wie Koran und Bibel ihn sehen, sondern als nicht personifizierte Quelle des Seins. Sie ist die Quelle ausfließender Bewegung, der sogenannten Emanation, der die niederen Stufen ihre Existenz verdanken. Die unterste Stufe der Hierarchie bildet die Materie, in die der Mensch verstrickt ist. In die höheren Welten kann dieser nur durch Denken, mystische Versenkung oder den Tod gelangen. Die vornehmste Aufgabe des Menschen ist es, durch Begreifen der Welt und des Universums mit dem universalen Intellekt eins zu werden. Dieses Glück ist aber nur für wenige erreichbar – für den Rest ist die Religion gemacht.[66] Farabi betrachtete somit die Religion als künstliches Produkt, aber als eine Notwendigkeit für den Großteil der Menschen.

In dieser Denkweise entwirft er einen idealen Staat. Ähnlich Plato fordert er einen philosophischen König, dem aber ein Prophet zur Seite stehen soll, um dem mit wenig Vernunft ausgestatteten Staatsvolk Anweisungen zu geben.

Seine Philosophie ist antireligiös, trotzdem sieht er für die alltägliche Praxis Geistliche vor, die auf die ungebildete Masse einwirken sollen.

66 Ähnlich formulierte es Ibn Rushd mit seinen „beiden Wahrheiten".

Al-Farabi stand nicht wie andere im Rampenlicht, sondern verbrachte seine Zeit mit Vorliebe im Garten beim Wasserteich.

965 war das Geburtsjahr eines gewissen Ibn al-Haitham, der in Europa unter dem Namen *Alhazen* bekannt werden sollte. Er stammte aus Basra und schlug zunächst eine Beamtenlaufbahn ein. Diese gab er jedoch bald auf und widmete sich wissenschaftlichen Studien in Bagdad und Persien. Eines Tages wurde der Gegenkalif in Kairo auf ihn aufmerksam, und als Alhazen die Möglichkeit äußerte, man könne den Nil aufstauen und so die Felder über das ganze Jahr bewässern, wurde er nach Ägypten berufen. Mit großer Mannschaft und Gerät zog er den Nil aufwärts, um das Staudammprojekt anzugehen. Aber sehr bald, schon angesichts der gewaltigen altägyptischen Bauwerke entlang des Flusses, beschlichen ihn Zweifel. Wenn diese Leute, die jene Bauwerke geschaffen hatten, keinen Damm bauen konnten, wie sollte das ihm gelingen? In Assuan, dort, wo heute der Damm steht, fand er die geeignete Stelle, aber er musste bald einsehen, dass dieses Projekt nicht durchführbar war. Unverrichteter Dinge kehrte er nach Kairo zurück und konnte froh sein, angesichts dieser Pleite mit dem Leben davongekommen zu sein.

Er wandte sich darauf dem für viele Wissenschaftler der Zeit typischen Broterwerb zu: Er übersetzte antike Schriften. Über die Jahre stellte er eine Ausgabe des kompletten Euklid, des „Almagest" des Ptolemäus sowie Schriften weiterer griechischer Autoren fertig. Das machte ihn mit der Zeit finanziell so unabhängig, dass er sich seinem Lieblingsgebiet zuwenden konnte: der Physik, und ganz speziell der Optik.[67]

Waren aber die meisten antiken und arabischen Physiker reine Theoretiker, so verlegte sich Alhazen auf Experimente, ein Novum zu dieser Zeit. Er goss die erste Linse aus Glas, die er interessanterweise zwar für Experimente benutzte, anscheinend nie aber als Vergrößerungsglas oder Fernrohr. Im Widerspruch zu Euklid stellte er fest, dass die Lichtstrahlen von einem Objekt ins Auge gelangen und nicht ein Sehstrahl aus dem Auge die Umgebung abtastet. Anhand eines Hohlspiegels aus Metall stellte er sich ein bestimmtes mathematisches Problem, das noch heute als *Alhazensches Problem* bekannt ist und das er zwar umständlich löste, für das aber erst Huygens Mitte des 17. Jahrhunderts eine vollkommene Lösung fand. Auch grundlegende Gesetze der

67 Sein Hauptwerk fand in lateinischer Sprache unter dem Titel „Thesaurus Opticus" in Europa weite Anerkennung.

Perspektive infolge des sich gradlinig ausbreitenden Lichts gehen auf Alhazen zurück. Seine Arbeit mit Lichtstrahlen führte ihn konsequenterweise auch auf das Gebiet der Astronomie. Er betrachtete die Sternenwelten ganz nüchtern als begreif- und berechenbare physikalische Einheiten. Ganz im Gegensatz zu seinen Zeitgenossen und ganz zu schweigen von der Religion. Er berechnete aufgrund der Strahlenbrechung die Dicke der Atmosphäre fälschlicherweise auf fünf Meilen, weil er von einer scharfen Grenze und nicht von einer allmählichen Verdünnung der Luft ausgegangen war. Die Würdigung seiner Arbeit lässt sich mit Alexander von Humboldt ausdrücken, der die Araber als die eigentlichen Gründer der Physik bezeichnete. Ibn al-Haitham alias Alhazen war ihr bedeutendster Vertreter auf diesem Gebiet, obwohl nur Teile seines Gesamtwerkes erhalten sind, denn bald schon wurden seine Schriften als gegen den Koran gerichtet verbrannt.

Abu Ali ibn Sina wurde unter dem Namen Avicenna eine der berühmtesten arabischen Persönlichkeiten in Europa. Im Orient ist er heute noch populär, Iran, Usbekistan, Tadschikistan und Turkmenistan wetteifern um die Ehre, ihn als einen der ihrigen eingemeinden zu dürfen. Avicenna wurde um 980 in der Provinz Balch[68] geboren, zog aber in jungen Jahren mit seinen Eltern nach Buchara im heutigen Usbekistan um. Die Herkunft aus einem gut situierten Elternhaus gewährleistete die beste damalige Bildung. Die „Eisagoge" von Porphyrios und andere klassische Schriften gehörten zur Grundausbildung. Seine Eltern sollen Ismaeliten, Angehörige einer alten islamischen Sekte, gewesen sein, und Avicenna habe schon mit zehn Jahren den Koran auswendig gekannt. Er stand mit diesem allerdings bis zu seinem Lebensende auf Kriegsfuß, deshalb ist die Vermutung, sein Hintergrund sei buddhistisch gewesen, nicht von der Hand zu weisen.[69] Er studierte natürlich auch Mathematik, Geometrie, Physik und Medizin. Letztere nannte er keine schwere Wissenschaft. Er war ein ungeheuer fleißiger Arbeiter, der zumindest nach eigenem Bekunden ganze Nächte durchstudierte.

Nach dem Tode seines Vaters übernahm Avicenna dessen lukrativen Regierungsposten, verließ aber, wohl aus politischen Gründen, bald Position und Vaterstadt. Der Rest seines Lebens war eine Wanderung von Residenz zu

---

68 Das Baktrien hellenistischer Zeit. Balch umfasste Teile des heutigen Afghanistan, Turkmenistan, Tadschikistan und Usbekistan. Die Provinz war zu Lebzeiten Avicennas die buddhistische Hochburg im Osten des persischen Reiches, In Bamiyan standen die von den Taliban gesprengten Buddhastatuen.

69 Günter Lüling, „Avicenna und seine buddhistische Herkunft", Erlangen 1977.

Residenz, seine Brotberufe waren Arzt, Richter, Politiker, Intrigant, was ihn mehr als einmal fast Kopf und Kragen kostete. Wie schon erwähnt, waren Wissenschafter dieser Zeit auf eine Anstellung bei irgendeinem Hof angewiesen, aber nicht jedem Fürst waren Philosophen und Physiker geheuer.

Von Buchara zog Avicenna nach Urgentsch, der Hauptstadt der Provinz Choresmien, und dann weiter über mehrere Stationen in Turkmenistan nach Gurgan am Kaspischen Meer, wo er auf eine Anstellung beim Emir Kabus hoffte. Aber der war inzwischen gestorben. Auf Wunsch von dessen Tochter bestimmte er so nebenbei die geographischen Koordinaten der Stadt, zog aber weiter ins persische Hamadan an den Hof von Schams-ad-Daula, von dem er einen Ministerposten erhielt. Eines Tages brachte ihn eine gegen ihn gerichtete Militärrevolte in arge Schwierigkeiten, Grund war sein wohl nicht sonderlich populäres ministerliches Traktat „Über die Verpflegung und den Sold des Heeres, der Militärsklaven und Soldaten und über die Grundsteuer der Ländereien". Er überstand auch dies mit knapper Not, aber saß wenig später vier Monate im Gefängnis, weil er mit dem feindlichen Emir von Isfahan eine Absprache getroffen haben soll. Die Zeit im Gefängnis nutzte er zum Verfassen diverser Schriften. Die gegen ihn gerichteten Vorwürfe waren wohl nicht ganz unbegründet, denn nach weiteren langen und detailreichen Verwicklungen setzte er sich schließlich heimlich im Mönchsgewand nach Isfahan ab.

Am Hofe des Emirs ad-Daula herrschte ein reiches akademisches Leben mit einer wöchentlichen Diskursrunde angesehener Männer. Und immer stand Avicenna im Mittelpunkt, denn niemand konnte sein Wissen übertreffen. Sein Leben war sehr intensiv. Tagsüber war er mit seinen verschiedenen Brotberufen beschäftigt, abends folgten Vorlesungen und Niederschriften. Doch damit war der Tag noch nicht zu Ende, wie sein Schüler und Mitarbeiter al-Guzgani berichtet: „Waren wir damit fertig, erschienen Sänger aller Art, ein Weingelage mit allem, was dazugehört, wurde hergerichtet, und wir befassten uns damit."

Und: „Beim Meister waren alle Kräfte stark entwickelt, wobei unter den Kräften des begehrenden Seelenteils die sexuelle am stärksten und übermächtigsten war." Avicenna lebte, wie landesweit bekannt war, ein ausschweifendes Leben.

Denkmal Avicennas in Duschanbe (Tadschikistan).

Blatt aus Avicennas „Kanon der Medizin".

Er hinterließ ein umfangreiches Schriftmaterial, wiewohl im Lauf der Zeit vieles verloren gegangen war. „Das Buch der Heilung" oder der „Kanon", eine systematische Darstellung der Medizin, zählten zu den Standardwerken, die ihn im mittelalterlichen Europa berühmt machten. Dabei war er „hochfahrend", wir würden heute arrogant sagen, und kannte wenig Rücksicht. Über Rhazes, den er der Konzession an religiöse Standpunkte beschuldigte, schrieb Avicenna, er hätte doch besser bei der „Untersuchung von Hautkrankheiten, Urin und Stuhlgang" bleiben sollen.

In seiner Heimat Usbekistan ist Ibn Sina in zahlreichen Anekdoten im Volk lebendig. Die Wissenschaft konstatiert einen großen Sprung von Hippokrates zu Galen, aber einen noch größeren von Galen zu Avicenna. Er dominierte 500 Jahre lang die Medizin des Orients und Europas, präzise bis Paracelsus 1530 ein Buch Avicennas symbolisch verbrannte und eine neue Ära der Medizin einleitete.

Avicenna gehörte gegen Ende seines Lebens zu den engsten Vertrauten des Emirs von Isfahan und begleitete ihn in dieser Eigenschaft und als Arzt auf dessen Kriegszüge. Auf einem solchen, im Jahre 1037, starb er im Alter von 57

Jahren. Die Umstände seines Todes sind überliefert: Um sich nach der von ihm erwarteten Niederlage auf die Flucht vorzubereiten, wies er einen Begleitarzt an, eine stärkende Medizin zu mischen. Sie enthielt irrtümlich eine Überdosis von Petersiliensamen und Opium. Avicenna war einer der größten Ärzte des Mittelalters. Ein Muslim war auch er nicht.

Die heutige Forschung ist geneigt, einem weiteren Usbeken einen noch höheren Rang als Avicenna einzuräumen, jedenfalls in den nichtmedizinischen Wissenschaften: al-Biruni. Er blieb in Europa relativ unbekannt, vielleicht auch, weil es lange Zeit keine Biographie von ihm gab. Er war Landsmann und Zeitgenosse des etwas jüngeren Avicenna. Die beiden haben sich auch getroffen, aber Freunde – was bei Avicenna offensichtlich nicht einfach war – wurden sie nie. Biruni wurde 976 in Kath südlich des Aralsees geboren und stammte aus bescheidensten Verhältnissen. Er verdankte seinen Aufstieg der lokalen Fürstenfamilie, die ihn aufnahm und die bestmögliche Erziehung angedeihen ließ. Mit 16 führte er eine Bestimmung der geographischen Position seiner Heimatstadt durch und baute ebenfalls recht früh einen halbkugeligen Globus der nördlichen Hemisphäre.[70] Aus politischen Gründen musste Biruni seine Heimatstadt 995 verlassen und zog ohne seine Geräte nach Rajj, dem heutigen Teheran. Dort machte er die Bekanntschaft mit einem Astronomen, der gerade ein Instrument zur Messung der Sonnenhöhe baute. Für die im Jahre 997 errechnete Mondfinsternis verabredete sich Biruni brieflich mit einem Astronomen in Bagdad, um das Ereignis simultan zu messen und so den Abstandswinkel der beiden Standpunkte zu ermitteln.

Dann zog er vorübergehend nach Gurgan am Kaspischen Meer, wo er mit Avicenna zusammentraf.

Biruni erhielt alsbald einen Ruf an den Hof von Urgentsch. Die Stadt wurde aber von einem feindlichen Fürsten erobert, der Biruni mit nach Ghazna im heutigen Afghanistan verschleppte. Dessen Sohn, der spätere Herrscher Masud, war zwar ein Despot und Trunkenbold, aber sehr interessiert an den Wissenschaften. Al-Biruni hatte einen neuen Gönner gefunden, er übereignete ihm den „Masudischen Kanon", die größte astronomische Enzyklopädie des Mittelalters. Er musste seinen Herrscher auch auf den zahlreichen Kriegszügen begleiten, die ihn bis nach Indien brachten. Daraus resultierte sein

70 Das nächste Erdmodell sollte erst von dem Nürnberger Martin Behaim im Jahre 1492 angefertigt werden.

einzigartiges Buch, eine Kulturgeschichte Indiens: „Über die Prüfung dessen, was von Indien gesagt wird". Um die indische Mathematik und Astronomie zu begreifen, lernte er Sanskrit, beklagte sich aber über die distanzierte Haltung seiner indischen Kollegen. Kein Wunder, war ihnen doch von den Eindringlingen übel mitgespielt worden, was auch Biruni ganz sachlich eingesteht. Biruni war ein ausgesprochener Praktiker und von seinem Vermögen her der Einzige, der zumindest zum Teil das übermächtige aristotelische System zu sprengen in der Lage war. Er war Astronom, Physiker, Geograph und Philosoph – aber Arzt war er ausnahmsweise nicht. Er starb 1048 während der Erörterung eines juristischen Problems.

Wir begeben uns jetzt vom äußersten östlichen Ende der arabischen Reiche in den äußersten Westen, „al Gharb"[71]: nach Andalusien. Dort wurde 1126 in Córdoba Ibn Rushd geboren, der an den europäischen Universitäten als *Averroes* zu Berühmtheit gelangte. Im Rest der arabischen Welt blieb er relativ wenig beachtet, vielleicht weil er aus einer abgelegenen Ecke stammte. Er erhielt die damals beste Bildung, die wir schon kennen: Philosophie, Mathematik, Astronomie, Heilkunde. Sein besonderes Interesse gehörte der Jurisprudenz. 1148 eroberte die Berberdynastie der Almohaden unter dem Emir Abu Jakub Jussuf Córdoba, und 1153 zog Ibn Rushd nach Marrakesch, der zweiten Residenz der Almohaden. Bei Hof wurde er von einem gewissen Ibn Tufail eingeführt, der in Europa auch kein Unbekannter war: Er hatte den philosophischen Roman „Der Naturmensch" verfasst, in dem die Akteure auf eine einsame Insel im Ozean verschlagen werden und durch Beobachtungen und logische Schlüsse zur Erkenntnis der Welt gelangen.[72]

Als der Kalif sich mit gewissen arabischen Übersetzungen der Werke des Aristoteles unzufrieden zeigte, fiel Ibn Rushd die Aufgabe zu, bessere anzufertigen. Er übersetzte nicht nur, sondern fügte gleichzeitig drei verschiedene Kommentare hinzu: einen kurzen, allgemein verständlichen – wohl für den Herrscher –, einen mittleren und einen ausführlichen, bei dem noch die späteren christlichen Scholastiker nachschlugen. Um 1170 trat Ibn Rushd eine Stelle als Kadi (Richter) in Sevilla an und später dann in Córdoba. 1195, wieder zurück in Marrakesch, traf ihn das Verhängnis: Imame hatten das Volk gegen ihn, der ihnen schon lange ein Dorn im Auge war, aufgehetzt und zwangen

---

71 Al Gharb, „der Westen". Davon leitet sich der Name Algarve ab.
72 Ibn Tufail, „Hajj ibn Jaqzan, Der Naturmensch", Köln 1983.

den Herrscher zu einem förmlichen Verfahren gegen ihn. Das Tribunal verneinte die Rechtgläubigkeit Ibn Rushds, seine Bücher wurden demonstrativ verbrannt und die Philosophie insgesamt per Edikt untersagt. Er selber wurde in einen kleinen Ort verbannt und bekam jegliche Lehrtätigkeit verboten. Drei Jahre später war er tot.

Es kommt nicht von ungefähr, dass von Ibn Rushd fast nichts in Arabisch vorliegt: Die Tradierung erfolgte in hebräischer Übersetzung, und bisweilen hat Averroes selbst in arabischer Sprache mit hebräischen Buchstaben geschrieben. Eine Art Insidersprache, die deutlich zeigt, in welch zunehmend intolerantem Umfeld er leben musste und unter welchem Druck er gestanden haben muss.

Sein juristischer Ansatz gehörte bereits einer vergangenen Epoche an. Während der Kadi Ibn Rushd nach generellen juristischen Prinzipien suchte, setzte in Spanien die Rechtsprechung nach anwendbaren Präzedenzfällen aus dem Leben des Propheten ein. In den zunehmend islamisch werdenden Reichen ging es zu Ende mit Jurisprudenz, der Philosophie und den Wissenschaften.

Nördlich des Mittelmeers hingegen wurden seine Aussagen hitzig diskutiert, Thomas von Aquin verwandte große Mühe darauf, Averroes zu widerlegen. Dieser hatte sich gegen den freien Willen ausgesprochen, der letztlich nur einer übergeordneten Notwendigkeit folge: Er hatte postuliert, dass der Intellekt aller Menschen nur ein einziger, gemeinsamer sei, dass es niemals einen ersten Menschen gegeben haben konnte, und vor allem: dass die Seele nicht im Höllenfeuer schmoren könne, weil sie mit dem Körper sterbe.

Auf der einen Seite wurde Averroes gefeiert, auf der anderen aber auch verspottet, etwa wegen seines Autoritätsglaubens. Zu einem verteidigte er den Koran, weil er nach seiner Meinung die rationale Forschung gebiete, zum anderen forderte er dessen Umdeutung, wenn Aussagen wissenschaftlichen Erkenntnissen widersprachen. Dies sei aber nur gebildeten Persönlichkeiten vorbehalten. Die Masse, die einer logischen Beweisführung nicht folgen könne, müsse bei den bildhaften Vergleichen der Offenbarung bleiben – nur die Philosophen könnten zum Kern vorstoßen. Dies ist das System der „doppelten Wahrheiten" des Ibn Rushd. Er sah sich selber vielleicht als Muslim. Seine Zeitgenossen sahen das jedoch ganz anders, und dies wurde ihm zum Verhängnis.

Mit Ibn Rushd und Ibn Chaldun ist die Zeit der unabhängigen Denker der arabischen Geistesgeschichte zu Ende. Es bleibt also nur noch jene Person vorzustellen, die dieses Ende in Jahreszahlen fassen lässt: al-Ghazali, um 1058 in Tuz im östlichen Iran geboren, 1111 ebenda gestorben. Ghazali war von seiner Ausrichtung her Sufi, islamischer Mystiker, und wirkte außer in seiner Heimatstadt in Bagdad, Damaskus und Alexandria. Seine beiden Hauptwerke sind „Die Nichtigkeit der Philosophie" und „Das Wiedererstehen der religiösen Wissenschaften". In der islamischen Literatur wird Ghazali als großer Philosoph gefeiert. In Wirklichkeit hatte er mit Philosophie absolut nichts zu tun, nur mit ihrer Abschaffung, seinem Lebenswerk.

Dies ist auch der Inhalt der „Nichtigkeit". Er stellt darin dar, warum die Philosophie keine Existenzberechtigung habe. Im krassen Gegensatz zu Aristoteles und allen seinen arabischen Vorgängern lehnt Ghazali das Kausalitätsprinzip ab, also das Prinzip von Ursache und Wirkung. Es gebe daher auch keine Logik und keine Naturgesetze, alles geschehe durch einen besonderen Willensakt Gottes. Ghazali führt als Beispiel an, dass es ein Irrtum sei zu glauben, man habe ein Stück Baumwolle zum Brennen gebracht, indem man Feuer daruntergehalten habe. In Wirklichkeit habe Gott der Baumwolle den Befehl gegeben zu brennen. Analog dazu fielen die Blätter im Herbst nicht von allein vom Baum, sondern durch ausdrücklichen Befehl Gottes an jedes Blatt. Der preußische Gelehrte in orientalischen Sprachen und Philosophie, Friedrich Dieterici, kommentierte das anno 1903 so: „Das wäre, als ob jeder Brief mit dem Stempel der kaiserlichen Reichspost von Seiner Majestät persönlich ausgetragen werden müsste." [73]

Weil es keine Naturgesetze gebe, sondern nur den Willen Gottes, postuliert Ghazali die Existenz von Wundern, die jeder Logik widersprechen dürfen. Dementsprechend sprach er dem Menschen den freien Willen ab, jeder einzelne Schritt des Menschen sei von Gott gelenkt. Das Problem, dass der Mensch ohne freien Willen auch unschuldig an seinen Sünden und Verbrechen sein müsste, löste er so, dass er Sünden mit dem Hinweis auf die Allmacht Gottes und der Nichtexistenz der Logik einfach ausnahm. Philosophie und Naturwissenschaften könnten nichts zur Wahrheit beitragen. Sie seien daher nicht nur überflüssig, sondern sogar schädlich, weil sie den Menschen von der Religion abbringen könnten. Er forderte deshalb die Todesstrafe für das Vertreten ihrer Inhalte. In seiner Schrift „Der Erretter vom Irrtum" formulierte er 20 Punkte, anhand deren Philosophen der Ketzerei zu überführen seien. Als namentlich überführte Ketzer nennt er Avicenna und al-Farabi.

---

[73] Friedrich Dieterici, „Über den Zusammenhang der griechischen und arabischen Philosophie", München 2004.

Er kam auch vorübergehend in Bedrängnis, als er postulierte, Ungläubige würden bereits im Grab bei Bewusstsein von Schlangen, Skorpionen und anderem Getier gemartert, eine Überprüfung allerdings das Gegenteil bewies. Aber aufhalten konnte das ihn nicht.

Dass al-Ghazali heute in der islamischen Welt als großer Philosoph betrachtet wird, ist eine Sache. Es verwundert allerdings, dass er auch in Europa als Philosoph bezeichnet wurde, und das kam so: Der spanische Dominikaner Nicolas Eymerich zählte in seinem *Directorium Inquisitorium* (um 1350) die „18 Häresien und Irrtümer des Philosophen Algazel" auf. Er leitete diese aus der lateinischen Übersetzung einer arabischen Schrift mit dem Titel *Maqasid al-falasifa* („Die Absichten der Philosophen") unter dem Namen al-Ghazalis ab. Diese Schrift allerdings ist eine arabische Übersetzung von Avicennas in Persisch abgefasstem *Buch des Wissens*, versehen mit Ghazalis Namen und einer Einleitung von ihm. Wo Ghazali draufstand, war in Wirklichkeit Avicenna drin. Wie dieser Zuordnungsfehler zustande kam, ist nicht klar, er verhalf al-Ghazali jedoch zu der ganz und gar unverdienten Ehre, ein Philosoph genannt worden zu sein.

Die Wertung Ghazalis als Wissenschaftler fällt daher katastrophal aus, ausgenommen bei islamischen Autoren, die in ihm bisweilen einen Aristoteliker reinsten Wassers sehen. Als das Hauptwerk Ghazalis wird in der islamischen Welt sein zweites Buch, das „Wiedererstehen der religiösen Wissenschaften", gesehen. Es enthält nichts Weiteres als die Verteidigung des wörtlichen Koran. Nur was im Koran steht, sei Wissenschaft. Sah Avicenna etwa in der Sintflutlegende die Ertränkung des Unwissens und den Triumph des Wissens, symbolisiert als Arche Noah auf den Fluten, war sie nach Ghazali wörtlich zu nehmen. Alles andere sei todeswürdige Ketzerei. War der Koran bei al-Kindi und Ibn Rushd nur für die unwissenden und ungebildeten Massen akzeptabel, wurde er bei Ghazali zum eisernen Gesetz und zur einzig möglichen Quelle allen Wissens. Wie sehr er den ultraorthodoxen Kreisen verbunden war, zeigt sich in seiner Schrift „Ratgeber für Könige" *(Nasihat al Muluk)*. Darin zählt er 18 Punkte auf, die in Bezugnahme auf Sure 4:34 die Inferiorität von Frauen beweisen sollen:

1. Die Menstruation.
2. Die Schwangerschaft.
3. Die Geburt.
4. Die Trennung von ihren Eltern bei der Ehe.

5. Die Unfähigkeit, sich selber zu beherrschen.
6. Der geringere Erbteil.
7. Die Möglichkeit, verstoßen werden zu können, ohne sich selber scheiden zu lassen.
8. Das Recht der Männer auf vier Frauen, die selbst nur einen Mann haben können.
9. Die Einsperrung im Haus.
10. Das Gebot, den Kopf zu bedecken.
11. Ihre Stimme vor Gericht, die nur halb so viel zählt wie die eines Mannes.
12. Das Gebot, das Haus nicht allein verlassen zu dürfen.
13. Das Verbot, am Freitagsgebet teilzunehmen.
14. Der Ausschluss von Regierungs- und Richterämtern.
15. Die Tatsache, dass von 1 000 verdienstvollen Taten 999 von Männern und nur eine von Frauen begangen wurde.
16. Eine Pauschalstrafe am Tag der Auferstehung statt einer individuellen Rechenschaft.
17. Die Wartefrist von vier Monaten und zehn Tagen nach dem Tode ihres Ehemannes zur Wiederverheiratung.
18. Die Wartefrist von drei Menstruationszyklen nach der Scheidung bei Wiederverheiratung.

Das ist al-Ghazali, wie er leibt und lebt: Die Vermischung von Ursache und Wirkung, von Naturgesetz und Menschengesetz scheint ihn nicht zu stören, denn er hat bereits in seinen „Nichtigkeiten der Philosophie" mit Logik und Kausalität gebrochen. Ihn als Philosophen oder Wissenschaftler zu bezeichnen, wäre die gröbste Beleidigung aller seiner arabischen Vorgänger von al-Kindi bis Ibn Rushd. Er war auch kein „Erneuerer des Islam", wie ihm in der Traditionsliteratur gewöhnlich zugeschrieben wird, er war vielmehr dessen erster großer Propagandist. Er vertrat die Position der Orthodoxie, und er war es, der jener Richtung zum Durchbruch verhalf, die man allgemein unter „Islam" versteht. Al-Ghazali war der Prototyp des intellektuellen Hasspredigers, und mit ihm kommt das, was Dan Diner die „versiegelte Zeit"[74] nennt: der vollkommene geistige Stillstand der islamischen Welt vom 12. Jahrhundert bis in die Neuzeit.

[74] Dan Diner, „Die versiegelte Zeit", Berlin 2007.

Während al-Ghazali Muslim im Sinne des heutigen Verständnisses von „Islam" war, ist das bei den anderen Genannten keineswegs der Fall.

Hanain war Christ und Thabit Heide. Mit Alhazen und Biruni haben wir die typischen Naturwissenschaftler, die allein durch ihre Arbeits- und Denkweise sich in völligen Gegensatz zum Koran stellten. Rhazes, al-Kindi und Avicenna waren unabhängige, antireligiöse Geister, Letzterer das Lehrbeispiel für ein unislamisches Leben.

Alle Genannten konnten sich allen Anfeindungen zum Trotz ihre Unabhängigkeit noch leisten, Ibn Rushd konnte es nicht mehr. Seit Beginn seiner Lehrtätigkeit stand er unter dem Druck der Imame.

Trotz gewissen Unterschieden waren die Prämissen des Aristoteles und anderer griechischer Philosophen allen Genannten Gemeingut. Mit ihrem Bekenntnis zu Logik, Kausalität, Wissenschaftlichkeit und Offenheit der Erkenntnisquellen haben sie sich alle in einer krassen Gegenposition zum Koran befunden, wenngleich manche in gewisser Arroganz dieses Recht nur sich selber und ein paar Handverlesenen mehr zusprachen. Mit welcher Rechtfertigung aber kann man sie als Muslime bezeichnen?

Kurz sei in diesem Zusammenhang der Dichter Omar Chayyam (1048–1123) aus Nischapur, Ostpersien, erwähnt. Ein Anhänger Avicennas, war er zu Lebzeiten bekannt als Philosoph und Mathematiker. Gänzlich unbekannt waren damals seine vierzeiligen Gedichte *(Rubaiyat)*, mit denen er im Westen späte Berühmtheit erlangte.[75] Dieser Ruhm strahlte zurück in seine persische Heimat, wo er dann zum islamischen Dichter, inklusive Denkmal im Laleh-Park in Teheran, stilisiert wurde. Die ausgesprochene Blasphemie in vielen seiner Versen scheint nicht zu stören, legt aber den Schluss nahe, dass auch Chayyam kein Muslim gewesen sein konnte.

Wie tiefgreifend die Ignoranz in der muslimischen Welt gegenüber ihren vielbemühten Denkern oftmals ist, zeigt ein Brief Khomeinis an Gorbatschow aus dem Januar 1989, worin er den Islam als Weg zur Lösung aktueller Probleme bezeichnete und Gorbatschow die Lektüre al-Farabis und Avicennas statt westlicher Denker empfahl.[76] Offensichtlich wusste Khomeini nicht, dass seine Paradephilosophen gar keine Muslime waren – und deshalb folgerichtig

[75] Um 1850 englische Übersetzung durch Edward Fitzgerald, ab 1880 zahlreiche deutsche Ausgaben.

[76] „Wenn Eure Exzellenz die Forschungen zu solchen Themen anleiten wollte, sollte Sie veranlassen, dass die Studierenden anstelle der Bücher der westlichen Philosophen die Schriften von al-Farabi und Avicenna zu Rate zu ziehen."

vom Parademuslim al-Ghazali als Ketzer verdammt und ihre Schriften von Muslimen verbrannt wurden. Oder sollte er die beiden als eine Art diplomatische Geste empfohlen haben, weil beide ja Altbürger der damals noch bestehenden Sowjetunion waren? Khomeini hat vermutlich weder das eine noch das andere gewusst und war enttäuscht, weil Gorbatschow auf diesen Teil des Briefes nicht antwortete.

Die genannten Persönlichkeiten hatten für ihre Zeit Großartiges geleistet. Alhazen hat die Optik vorangetrieben, Avicenna die Medizin, andere haben Aristoteles weiterentwickelt, aber die allermeisten, es wurden ja nur die bekanntesten skizziert, sind auf dem Stand der Antike stehen geblieben. Ohne ihren Verdienst in irgendeiner Weise zu schmälern, muss man ihn allerdings auch insoweit relativieren, als ihr Hauptverdienst nicht in jedem Fall die Arbeiten selber waren, sondern der Umstand, dass sie die antiken Autoren weitertradiert hatten. Namentlich die Kirche hatte die griechischen und lateinischen Schriften der antiken Philosophen nach Kräften aus dem Verkehr gezogen. Aber nicht lange nach ihrem Tod und teils sogar noch zu ihren Lebzeiten erfuhren die Schriften der arabischen Wissenschaftler dasselbe Schicksal: Sie wurden als unislamisch dem Feuer überantwortet. Wir besitzen nur einen Bruchteil ihrer Werke, jene, die rechtzeitig nach Europa gelangt waren und so der Zerstörung entgingen.

Grund der Explosion des geistigen Lebens im mittelalterlichen Arabien, und ganz besonders in Persien, war zweifellos die kulturelle Durchmischung dieses Raums. Griechische, indische, chinesische, christliche, heidnische, buddhistische Einflüsse trafen hier aufeinander. Man könnte allein von der ethnischen Herkunft der einzelnen Persönlichkeiten her die Existenz eines „arabischen" Geisteslebens anzweifeln. Dies sollte man aber nicht, denn bei aller Verschiedenheit der Herkunft vereinte sie die arabische Sprache. So wie im Römischen Reich Latein das verbindende Element war.

Die Herrscher zu dieser Zeit waren keineswegs muslimische Kalife oder Emire, sondern Herrscher, die in einer Zeit des Umbruchs und Gedankenaustausches lebten. Sie hatten in einer langen Entwicklungskette das Christentum verlassen, waren aber noch nicht beim Islam angekommen. Vielleicht war diese kurze Zeit der Indifferenz der zweite Grund des arabischen Wissenschaftswunders.

Die „Goldenen Zeiten" der islamischen Wissenschaften? Es hat sie nie gegeben. Aber es gab eine goldene Zeit der arabischen Wissenschaften. Diese fand ein abruptes Ende, als sich der Islam als dominierende Religion etabliert hatte. Er verjagte das Wissen aus dem Orient nach dem Westen, wo es bis auf den heutigen Tag geblieben ist.

Von Jesus zu Mohammed

„In den Adern des Propheten fließt Tinte – auch die der europäischen Orientalisten."

Karl-Heinz Ohlig, Islamwissenschaftler

Die Geschichte des Vorderen Orients in der ersten Hälfte des nachchristlichen Jahrtausends prägte der Dauerkonflikt zwischen Persien und dem Byzantinischen Reich. Es gab direkte Begegnungen auf dem Schlachtfeld, meist aber waren es Stellvertreterkriege, denn beide Mächte unterhielten ein Netzwerk von arabischen Bundesgenossen, die oft genug die Seiten wechselten.

Unter Arabien verstehen wir heute die arabische Halbinsel. In der Antike und im Mittelalter war damit jedoch ein ganz anderer geographischer Raum gemeint: Arabien umfasste Syrien, Palästina und Mesopotamien, manchmal mehr, manchmal weniger. Die arabische Halbinsel war mit Ausnahme des äußersten Nordens damit nicht gemeint.

Dieses alte Arabien war ein politischer und religiöser Druckkochtopf. Nicht aus Zufall entstanden hier drei der fünf Weltreligionen. Juden, griechische, babylonische, asiatische Heiden, Melkiten, Jakobiner, syrische Christen, koptische Christen, Katholiken, Nestorianer, Zoroastriker, Buddhisten und viele andere mehr standen in stetigem Wettstreit. Sozusagen täglich tauchte an jeder Ecke ein Heilsverkünder, ein Gottgesandter, ein Messias, ein neuer Prophet auf. Ständig stand man unter dem Druck des unmittelbar bevorstehenden Weltunterganges, auf den man richtig vorbereitet sein musste

Die einzelnen Fraktionen hatten ihre eigenen religiösen Texte, die jeweils diskutiert, angegriffen, verteidigt wurden. Besonders heftig waren diese Auseinandersetzungen um die „wahre Lehre" zwischen den einzelnen christlichen Fraktionen.

Der Zentralpunkt war hierbei die Frage nach der Natur Jesu. Die Diskussion wurde sowohl auf griechisch-philosophischem Nadelspitzniveau als auch handgreiflich ausgetragen.[77] Für die Monophysiten hatte Jesus nur eine

[77] Etwa am Konzil von Ephesos (431), das als „Räubersynode" in die Geschichte einging. Ehrwürdige Kirchenväter gingen aufeinander mit Fäusten und Stöcken los, zur Durchsetzung der wahren Lehre wurden Schlägertrupps angeheuert.

Natur, je nach Richtung mehr Gott oder Mensch, für die anderen, speziell die byzantinische Orthodoxie, war Jesus Sohn Gottes und hatte neben seiner menschlichen auch eine göttliche Natur. Ein philosophisch-logisches Konstrukt, das in die Dreifaltigkeit mündete.

Das waren die Fragen, die die Menschen des Nahen Ostens über Jahrhunderte in einer für uns Heutige kaum nachvollziehbaren Intensität beschäftigten, hing davon doch ihr Seelenheil bei der ständig erwarteten Rückkehr des Messias ab, der mit dem Flammenschwert über sie Gericht halten würde. Das Lebensgefühl war, in der Endzeit zu leben.

In zahlreichen Konzilen, auf denen diese Glaubensfragen heftig diskutiert wurden, namentlich Nikäa im Jahr 375 und Chalkedon im Jahr 451, wurde die „Trinitätslehre", die Lehre von der „Heiligen Dreifaltigkeit", zum offiziellen Dogma erhoben. Dies trennte die arabischen und ägyptischen Christen vom Rest.

Eine gewisse räumliche Trennung hatte indes schon früher stattgefunden.

Allgemeine Kriegspraxis im Orient war die Ermordung und/oder Verschleppung der Besiegten. Wer die Schlachten und das nachfolgende Schlachten überlebte, wurde abtransportiert und zu den verschiedensten Arbeits- und Siedlungsprojekten in den eigenen Provinzen herangezogen. Bekannt ist die Verschleppung der Israeliten durch Nebukadnezar nach Babylon. Die drei großen Kriege Schapurs I. endeten in riesigen Verschleppungswellen der Bevölkerung aus dem heutigen Syrien und Irak: So wurde der Bischof von Antiochien an der syrischen Mittelmeerküste mitsamt seiner Gemeinde nach Khuzistan verschleppt und für die neu zu gründende Stadt Gundeschabur angesiedelt. Eine weitere zerstörte und umgesiedelte Stadt war die nordmesopotamische Zentrale Hatra, zwischen Euphrat und Tigris gelegen.[78]

Die Bewohner dieses Gebietes, der *Dschasira* („Insel"), wurden *Arabi* genannt, das heißt „die Bewohner des Westens", vom Land jenseits des Tigris aus gesehen. Hier wird der Begriff „Araber" erstmals manifest, aber er hat nichts mit dem uns heute geläufigen Begriff zu tun.

Die Römer dehnten „Arabia" mit dem Nabatäerreich etwas weiter nach Süden aus, das heutige Arabien blieb unbeachtet. Die *Arabi* sprachen syro-aramäisch. Man kann mit Sicherheit annehmen, dass sie auf dem Weg in die

---

78 Die Lücken wiederum wurden des Öfteren gefüllt durch mehr oder weniger erzwungene Umsiedelungen aus Griechenland und dem Balkan.

persische Diaspora auch ihr heiliges Buch mitnahmen, das „Diatessaron", die aramäische Bibel, die wohl in der Dschasira entstanden war. Eine weitere Verschleppungswelle erfolgte unter Chosrau I., der 540 erneut die gesamte Bevölkerung Antiochiens in den Osten verschleppte und sie die Stadt *Veh-Antiokh-i-Chosrau* („Das bessere Antiochien des Chosrau") bauen ließ. Die Deportierten setzten ihr religiöses Leben in Persien fort.

Im 7. Jahrhundert nahmen die Auseinandersetzungen zwischen Persien und Byzanz den Charakter eines religiösen Krieges an. 613 gab es einen neuen Vorstoß Persiens in Richtung Westen. Chosrau II. besetzte Syrien und eroberte 614 Jerusalem. Er zerstörte demonstrativ die Grabeskirche und nahm die Reliquie des Heiligen Kreuzes als Trophäe mit sich. 619 eroberte er Ägypten.

Dies konnte Byzanz nicht hinnehmen. Kaiser Herakleios brach mit einem Heer gegen Persien auf. Unter der persönlichen Führung des Kaisers – eine absolute Rarität in der Spätantike – kam es 622 in Armenien zur Schlacht, in der das persische Heer vernichtend geschlagen wurde. Das war unerwartet, man würde es heute als „sensationell" bezeichnen. Im folgenden Jahr nahm Herakleios die Stadt Ganjak ein und ließ als Revanche für Jerusalem den dortigen Feuertempel zerstören.

Es folgten weitere Schlachten, die zum vollständigen und triumphalen Sieg Byzanz' führten. Der immer noch friedensunwillige Chosrau wurde von seinen eigenen Leuten ermordet, sein Sohn Siroe schloss Frieden mit Byzanz. Im darauffolgenden „Ausgleich" bekam der Kaiser zwar seine arabischen Gebiete – die er niemals wirklich beherrscht hatte – nominell zurück. Aber im Rahmen der vollkommenen Neuordnung des Byzantinischen Reiches (der „Themenkonferenz") hatte sich Herakleios bereits entschieden, Syrien und Mesopotamien aufzugeben, behielt jedoch einige Städte und alle Häfen unter seiner Kontrolle. Die dringend gebotene Konsolidierung seines Kerngebietes hatte absoluten Vorrang, denn im Westen kämpfte das Reich um seinen Bestand. Schon 618 hatte Herakleios sich mit dem Gedanken getragen, Konstantinopel als Hauptstadt aufzugeben und von Sizilien aus zu regieren. Ein Volksaufstand und der Klerus brachten ihn davon ab, die Kirche musste allerdings seinen Feldzug finanzieren, den er 628 siegreich abschloss und 630 mit der feierlichen und persönlichen Rückführung der Kreuzesreliquie nach Jerusalem krönte.

Es war kein gewöhnlicher Feldzug gewesen, sondern der erste Kreuzzug der Geschichte, der Kampf der Christen gegen die Feueranbeter. Trotz religiöser

Unterschiede hatten die Arabi mit Herakleios sympathisiert. Mehrfach belegte Vergleiche machten die Runde mit Chosrau als Pharao im alttestamentlichen Sinne, der die Kinder Israels verschleppt habe und die nun heimgeführt würden.[79] Die Christen Persiens sahen Herakleios deshalb als ihren natürlichen Verbündeten. Nach der Niederlage zerfiel das persische Reich in Fürstentümer, auch in solche der Arabi.

Zum einen lag die Autorität der persischen Zentralmacht in Scherben, zum anderen war mit dem Tod des Herakleios 641 die Bündnissituation aus dem großen, glorreichen Krieg beendet. Die arabischen Emire, durchwegs Christen, hielten nun die eigentliche Macht in Persien in der Hand. Hierfür lassen sich zahlreiche archäologische Belege finden, etwa die Münzprägungen der verschiedenen Emire, viele mit einem christlichen Bezug im Münzbild.

Die persische Hegemonie in Mesopotamien, Syrien und Ägypten war auf regionale Vasallen gestützt gewesen. Die Niederlage gegen den Kaiser hatte zwar die persische Hauptmacht und das sassanidische Herrscherhaus vernichtet, die Emire von Mesopotamien bis Ägypten jedoch unbeschädigt gelassen. Byzanz behielt als starke Seemacht lediglich die Häfen sowie einige wenige religiös wichtige Orte wie Jerusalem und Damaskus und schloss im Stile der altbekannten *foederati*, arabisch *quraish*, Vasallenverträge mit lokalen Fürsten. Herakleios hatte zwar versucht, einen theologischen Ausgleich mit dem Osten zu erzielen, aber seine Kompromissformeln waren abgelehnt worden. Es half auch nichts mehr, dass sein Nachfolger Konstans II. die Ekthesis, die Glaubensformeln, die 646 sogar zu Aufständen in Nordafrika geführt hatten, 648 aus der Hagia Sophia entfernen liess – Ägypten und Syrien waren für Byzanz vollends verloren.

Praktisch von einem Tag auf den anderen waren die arabischen Emire jetzt ihre eigenen Herren, sie waren plötzlich Teil einer Großmacht, und das ohne Kämpfe. Kein Wunder, dass die arabischen Christen in Ägypten oder Syrien kooperierten: Sie hatten es nun nicht mehr mit Feueranbetern oder der verhassten Reichskirche zu tun, sondern mit Leuten, die ihre Religion teilten.

Das Land von Ägypten bis Persien war nun plötzlich arabisch dominiert, man war wie durch ein Wunder den Schraubstöcken Byzanz' und Persiens entronnen. Das Jahr 622 wurde so zur wichtigsten Jahreszahl des frühen

[79] Auch der Koran bezeichnet den Perserkönig irrtümlich (?) als „Pharao".

Arabiens. Es wurde als so wichtig und einschneidend begriffen, dass das Jahr des Sieges der Christen über die Feueranbeter und der damit verbundene Aufstieg der Araber – 20 Jahre später – als der Beginn einer neuen Zeitrechnung festgesetzt wurde (wobei das byzantinische Steuerjahr als quasi internationale Zeitrechnung weitergeführt wurde, was der Wissenschaft ein unschätzbares Instrument an die Hand lieferte). Selbstverständlich folgte diese arabische Zeitrechnung dem Sonnenkalender.

Nach der islamischen Tradition war ein arabischer Prophet namens Mohammed 622 von der Stadt Mekka nach Medina geflohen, und dieses Datum hatte den Beginn einer neuen islamischen Zeitrechnung markiert. Diese folgte dem Mondkalender. Nur, niemand benutzte diesen Mondkalender, sondern den Sonnenkalender „nach der Zeit der Araber". Nirgendwo ist der Name des Propheten noch der seiner neuen Religion genannt. Nach islamischer Tradition hatte Muhamad einen Brief an Kaiser Herakleios gesandt mit der Aufforderung, zum Islam überzutreten. Aus byzantinischen Quellen wissen wir nichts über dieses Angebot. Nicht weiter verwunderlich, denn wir können mit großer Sicherheit annehmen, dass Herakleios von dem Gründer einer völlig neuen Religion, der ihm noch zu Lebzeiten sein halbes Reich und seine heiligen Stätten weggenommen haben soll, nie gehört hatte. Seine Schreiber und die Betroffenen hätten uns mit Sicherheit davon erzählt.

Das christlich-arabische Großreich entsteht

Nach dem Zusammenbruch bzw. dem Rückzug der Hauptmächte brach eine unruhige Zeit an, die durch die Positionskämpfe der einzelnen Emire gekennzeichnet war. Die islamische Geschichtsschreibung stilisiert diese internen Positionierungs-Scharmützel zu einem glorreichen Eroberungskrieg der Muslime. Die wissenschaftliche Geschichtsforschung weiß allerdings nichts vom Sieg der Muslime bei Gabitha, auch die „große Entscheidungsschlacht" am Jordan (Yarmuk) der Muslime gegen Byzanz ist unbelegt. 639, also noch zu Lebzeiten des Herakleios (!), sollen die Truppen Muhamads Damaskus erobert haben – auch dafür gibt es nicht den geringsten historischen Beleg. Nach islamischer Tradition soll 640 Amr ibn As mit der grünen Flagge des Propheten an der Spitze eines muslimischen Heeres in Kairo eingezogen sein – und auch darüber schweigen sich die Quellen der Zeit aus. Es existiert allerdings von Maliks Bruder Aziz, Emir in Ägypten, eine auf das Jahr 690 datierte Inschrift an einer Brücke von Fustat (Alt-Kairo), die mit der Floskel „Amen" endet.

Der Erste, der die Chance zur Gründung eines neuen Großreiches, das Persien und die ehemaligen arabischen Besitzungen Byzanz' umfassen sollte, wahrnahm, war Maavia. Eine Neuauflage des Persischen Reiches unter Einschluss der Araber, nichts weniger strebte er an, beinhaltete natürlich die Wiederaufnahme des sassanidischen Kampfes gegen Byzanz.

662 kehrte Kaiser Konstans II. seiner Hauptstadt Byzanz den Rücken. Nicht nur hatte er sich mit der gesamten östlichen Christenheit zerstritten, seine höchstkaiserlichen Auffassungen wurden zu allem Überfluss auch noch als Häresie abgekanzelt – von Maximus dem Bekenner, dem einflussreichsten Theologen seiner Zeit (was dieser allerdings mit der lebenslangen Verbannung auf die Krim bezahlte).

Konstans II. also machte die Drohung des Herakleios wahr und verlegte seine Residenz nach Syrakus auf Sizilien – dem östlichen Reich drohte somit Vernachlässigung.

Im selben Jahr, 662, wurde Maavia in Darabgerd, Südiran, zum *Amir al-Muminin* gewählt. In dieser Eigenschaft herrschte er bald über Persien und den ehemals byzantinischen Osten. 663 nahm er in persischer Tradition wieder Kriegszüge gegen Byzanz auf.

Seine Residenz war Damaskus mit dem wichtigsten Heiligtum und Pilgerzentrum der Zeit, der Johannesbasilika mit dem Haupt Johannes des Täufers als Reliquie. Die wichtigste Inschrift, die von Maavia erhalten ist, haben wir bereits oben kennengelernt, den Stein von Gadara (Israel), eine griechische Inschrift, mit dem Kreuzzeichen beginnend, die seinen Titel nennt: *Amir al-Muminin*. Exakt derselbe Titel findet sich von ihm in Persien in persischer Sprache. Wie wir gesehen hatten, bedeutet er „Oberster Schutzgewährer", die gängige Übersetzung „Führer der Gläubigen", oder gar „Führer der Muslime", ist ohne irgendeine Basis. Maavia war ursprünglich *quraish*, also Verbündeter und Lehensherr des Kaisers, wurde aber zum Verräter, weil er als Byzantinerfreund die Unterstützung im persischen Teil seines Reiches verloren hätte. Maavia prägte auch Münzen in Jerusalem, die Figuren mit dem Kreuzglobus in der Hand darstellen.

Er ist unter dem Namen Muawiya eine der wenigen historisch fassbaren Personen im bunten Reigen traditioneller Darstellungen des frühen Islam. Die Wissenschaft weiß nichts Gesichertes über seine Herkunft, die islamische Geschichtsschreibung aber weiß es: Muawiya sei 603 in die einflussreiche Sippe der „Omayaden" vom Stamme der Kuraisch in Mekka geboren worden, 630 sei er zum Islam konvertiert und habe dem Propheten als Sekretär gedient. Dann sei er zum Kalifen von Medina ernannt und 639 vom Kalifen Umar als Statthalter von Damaskus eingesetzt worden. Unter seiner Führung seien die Feinde des Islam besiegt worden, dazu sei er aus mehreren Schlachten siegreich hervorgegangen, was ihm das Kalifat eingebracht und zur Abspaltung der Schiiten unter dem „rechtmäßigen Kalifen" Ali geführt habe …

Zu den Fakten:
Die Schwäche der Perser war die Seekriegsführung gewesen, weshalb sie letztlich immer vor Konstantinopel – wie auch früher schon vor Athen – gescheitert waren. Maavia hatte nun durch den Besitz Ägyptens und Küstensyriens die Möglichkeit, eine Flotte einzusetzen. Nach der schrittweisen Eroberung einzelner Inseln auf dem Weg nach Konstantinopel errichtete er 672 eine Flottenbasis in der Nähe der byzantinischen Hauptstadt, und als er 674 zum Angriff schritt, erlitt er eine fürchterliche Niederlage vor den Mauern der Stadt. Der Feldzug endete in einem Desaster, trotzdem machte nach islamischer Darstellung der „Kalif Muawiya" das Byzantinische Reich tributpflichtig für die Muslime. Genau das Gegenteil ist wahr. Maavia musste sich den Frieden mit Byzanz erkaufen und erklärte sich zu einem jährlichen Tribut von 3 000 Goldstücken nebst Sklaven und Pferden bereit.

Dies brachte eine starke Opposition im Osten zustande, die Maavia absetzte. Maavia behielt einige Gebiete im Westen, verfiel in Bedeutungslosigkeit, über sein Ende ist nichts bekannt (die islamische Tradition kann allerdings mit Details aufwarten).

Fazit: Der muslimische „Kalif" Maavia war in Wirklichkeit arabischer Christ.

Der Nachfolger Maavias, Abd al-Malik, stammte aus Marw in der ostpersischen Provinz Chorasan (heute Turkmenistan). Wie Münzinschriften belegen, gelangte er 681 an die Macht, musste aber schon vorher ein bedeutender Akteur im Osten gewesen sein. Maliks Herrschaft war auf innere Konsolidierung gerichtet, daher erneuerte er den Tributvertrag mit Byzanz zu wesentlich höheren Zahlungen. Malik wollte dem Kaiser, vielleicht aus Überzeugung, vielleicht aus Mangel an militärischen Optionen, auf religiösem Gebiet Paroli bieten. Seine Regierungszeit war friedlich, und in seiner Zeit blühte der sogenannte „Muhamadismus“ auf.

Sassanidischer Tradition entsprechend symbolisierten Münzen immer die Ideologie des Herrschers. Das war bei Malik der *muhamad,* der „Gepriesene“. Ab 660 tauchten Münzen aus Persiens östlichen Provinzen mit dem Logo *muhamad* auf, in Kombination mit christlichen Symbolen oder weiteren Nennungen wie *abd Allah* (Diener Gottes) oder *nam* (selig).

Der *muhamad* war allerdings kein Name, sondern ein Titel, wie wir inzwischen wissen. Malik selber sagt uns unzweideutig in der Inschrift seiner Kirche am Ort des alten Tempels in Jerusalem, im „Felsendom“, wer der *muhamad* war: Isa bin Mariyam – Jesus, Sohn der Maria.

Der Kaiser von Byzanz als Vorsteher der Reichskirche hatte die Hagia Sophia, Malik als Vorsteher der arabischen Kirche hatte keinen monumentalen Sakralbau. Die Zeit drängte, denn für den Jahreswechsel 699 / 700 wurde der Weltuntergang und die Rückkehr des Messias erwartet. Ihn wollte er in der neuen Kirche an der Stelle des alten salomonischen Tempels erwarten. Er nahm den Bau des „Felsendoms“ in Jerusalem in Angriff, den er 694 abschloss. Der Felsendom mit seinem achteckigen, christologisch-symbolhaften Grundmuster[80] ist das Paradebeispiel syrisch-byzantinischer Kirchenarchitektur und wurde ohne Zweifel als christliche Kirche gebaut. (Die Annahme, Karl der Große habe beim Bau seiner in den Grundelementen identischen Pfalzkapelle in Aachen eine muslimische Moschee kopiert, ist nicht sonderlich realistisch.)

Im Inneren der Hagia Sophia hatte Herakleios sein Glaubensbekenntnis im Sinne der Dreieinigkeit anbringen lassen, in seiner Kirche am Ort des Tempels verewigte Malik sein Glaubensbekenntnis (Voller Wortlaut S. 64):

„Es gibt keinen Gott außer Gott allein, er hat keinen Teilhaber.“
„Gelobt sei der Knecht Gottes und sein Gesandter.“
„Jesus Christus, Sohn der Maria, ist der Gesandte Gottes.“
„So glaubt an Gott und seinen Gesandten und sagt nicht Drei.“

Dies ist ein christlich-monophysitisches Glaubensbekenntnis reinsten Wassers. Malik lehnt die Dreieinigkeit ab („so sagt nicht Drei“), für ihn ist Jesus der *muhamad rasul*, der „gepriesene Prophet“, aber nicht der Sohn Gottes.

---

80 Vgl. hierzu „Die Kirche am Tempelberg“, S. 71.

Eine Münze Maliks unterstreicht das religiöse Fundament seiner Kirche am Platze des alten Tempels: Sie bildet den siebenarmigen Leuchter ab zusammen mit der Inschrift „Es gibt nur einen Gott“ (*la ilaha illa 'lah*). Er sieht sich als Erneuerer Zions in der wahren Tradition Davids. Diese Tradition ist auch im späteren Islam haften geblieben, nur wurde David mit dem Allzwecktitel „Prophet“ ausgestattet. Der Leuchter mit den sieben Armen der Primzahl 7 wandelte sich bald zu fünf Armen der Primzahl 5, wohl um eine Distanz zum jüdisch/judenchristlichen Komplex zu schaffen.

Der *muhamad* stammt aus dem Osten des Persischen Reiches

Malik hatte also den Osten seines Reiches verlassen und war nach Westen gezogen, nach Jerusalem. Das mit den verschleppten Arabi in den Osten verschlagene *muhamad*-Motto war mit ihm vom Osten nach dem Westen gewandert und tauchte in der Folgezeit auf Prägungen in Syrien und Palästina auf. In Nordafrika fand der *muhamad* ebenfalls Verbreitung, nur in Ägypten, im Bereich der koptischen Kirche, tat sich das *muhamad*-Konzept schwer. Der „Muhamadismus“ im Sinne des *Gepriesenen* (Jesus) war das bestimmende Merkmal der Zeit Maliks. Seine Anhänger wurden für das Ausland die „Muhamedaner“, womit zu jener Zeit keineswegs Muslime gemeint waren.

Gerade in Maliks Münzen sieht man traditionellerweise einen Nachweis, dass es sich bei ihm um einen islamischen Kalifen gehandelt habe. Mit dem Aufscheinen von *muhamad* sei klarerweise der Prophet gemeint, außerdem sei eine häufig auftauchende Figur mit Schwert („standing caliph“) und der Erwähnung *halfat Allah* die Darstellung des Kalifen selber.

Es gibt eine ganze Reihe solcher „Stehenden Kalifen“. Es sind typisierte Darstellungen und nur gelegentlich findet sich die Nennung des Herrschers, regelmäßig aber die Nennung MHMD oder ausgeschrieben *muhamad (un)*. Der „Stehende Kalif“ ist in Wirklichkeit der „Gepriesene“, nämlich Jesus. Er hält stets ein überdimensionales Schwert in der Hand, ein Richtschwert, auf einigen Darstellungen deutlich als Flammenschwert zu erkennen. Das ist die Rolle, die Malik ihm zugedacht hat: Der eschatologische Jesus, der als Verkünder Gottes *(Halifat Allah)* alsbald auf die Erde zurückkehren wird, um am Jüngsten Tage Recht zu sprechen.

Oft findet sich auf Maliks Münzen eine „Leiter“, so manche Interpreten.

Dieses Gebilde findet sich auch auf byzantinischen Münzen mit dem byzantinischen Kreuz obendrauf (an drei Kreuzenden sitzt rechtwinklig ein weiteres Holz, manchmal noch eine weitere Querachse). Auf Maliks Münzen fehlt dieses Kreuz, manchmal ersetzt durch eine Kugel oder einen Kreis. Dies wird nun traditionellerweise so interpretiert, dass Malik als muslimischer Herrscher das Kreuz entfernen ließ. Nach moderner Interpretation ist das Verschwinden des byzantinischen Kreuzes jedoch Teil der ideologischen Auseinandersetzung und eine Rückbesinnung auf die Tradition anikonischer Steinidole. Denn die „Leiter" stellt ohne Zweifel die *Yegar Sahadutha* dar, die alttestamentliche Steinpyramide im Zusammenhang mit der Jakobslegende, die zum Allerheiligsten führt. Gut möglich, dass Malik darin jenen Stein sah, über dem er seine Kirche auf dem Tempelberg baute. Denn dies war ja der Platz, wo Jesus mit dem Flammenschwert zum großen Gericht erwartet wurde.

Auch im Westen seines Reiches, in Nordafrika, weisen Maliks Münzen die *Yegar Sahaduta* auf, zusammen mit seinem monophysitischen Programm in Latein: *In nomine domini non deus nisi deus solus non est alius.* (Im Namen des Herren, es gibt nur einen Gott allein und er hat keinen Teilhaber.)

Es erhebt sich auch die Frage, warum Titel häufig genannt werden (*muhamad, abd Allah* etc.), ohne denjenigen, der gemeint war, gleich beim Namen zu nennen. Es ist die vom Respekt diktierte Scheu der Zeit, große heilige Namen nicht leichtfertig auszusprechen. Dies ist schon aus dem alten Testament bekannt, von den Nabatäern wissen wir nicht einmal den Namen ihres höchsten Gottes, lediglich den Titel *(Dusares)*. Der „Gesalbte" (also „Christus") ist genauso ein Titel wie es „muhamad" ist. Auch weltliche Herrscher der Zeit bevorzugten solche Titel, und zwar bewusst herabstufende. 629 legte Herakleios den Titel „autokrator" ab und ließ sich bescheiden als „basileus" (König) titulieren. Justinian II. nahm gar „servus Christi" (Diener Christi) als Haupttitel an, genauso wie die „Knechte Gottes" Maavia und Malik. Eine Reihe von Herrschern ist uns nur vom Titel, der ihr geistliches Motto ausdrückt, bekannt, nicht aber vom Namen her.

Und letztlich bilden die Münzen der „Omayaden" die Palette der gängigen christlichen Symbole ab: Fisch, Kreuz, Palme, Agnus Dei (Lamm Gottes)[81] und, wenn auch mit etwas ideologischem Abstand, die alttestamentliche Steinpyramide.

---

81 In einer traditionellen Münzbescheibung „Viebeiner" genannt

Links oben auf einer syrischen Prägung das erzchristliche Symbol des Fisches mit einem erweiterten muhamad-Motto: „Gepriesen sei der Apostel Gottes“
Rechts oben trägt der Herrscher das Reliquiargefäß mit dem Haupte Johannes des Täufers. Auf der Rückseite über der Wertangabe anstatt des üblichen Kreuzes das christlich-arabische Symbol der Palme. Es steht für die Geburt Jesu unter der Palme.
Links unten die Darstellung einer Figur in byzantinischer Tradition mit dem Kreuz und der Aufschrift Amman. Auf der Rückseite die Wertangabe M (= 40 Nummia), darunter das muhamad – Motto des Gepriesenen.
Rechts unten: Christlich-arabischer Herrscher mit Kreuzglobus und dem Kreuz über der Wertangabe.
Alle abgebildeten Münzen stammen aus der Zeit der „Omayaden“.

„Standing Caliph"

Es gibt zahlreiche Münzen mit diesem Motiv. Traditionellerweise wird darin ein Kalif oder Muhamad selber gesehen. In Wirklichkeit stellt die Figur den eschatologischen Jesus mit dem Richtschwert dar, dessen Rückkehr in naher Zukunft erwartet wurde. Die Darstellung folgt immer dem gleichen Prinzip.

Links oben: Neben der Figur das muhamad-Motto und die Münzstätte Harran. Die Vorderseite zeigt das staatsreligiöse Symbol des „Steins" in der Form der „Yegar Sahaduta" in Zusammenhang mit der alttestamentlichen Jakobs-Legende.

Rechts daneben: Münze aus dem Jahr 696 in persischem Stil. Sie zeigt Jesus mit dem Flammenschwert und dem Titel „Halfat Allah" (Verkünder Gottes).

Ganz rechts: Die erste Goldmünze des arabischen Reiches aus der Zeit Abd al-Maliks, den eschatologischen Jesus darstellend.

Nirgendwo in zeitgenössischen Relikten oder Dokumenten kommt die Nennung von Muslimen oder Islam im Sinne einer neuen Religion in Arabien vor. Und das, obwohl nach islamischer Tradition zu dieser Zeit bereits der gesamte Orient islamisch gewesen sein soll. Gerne wird als Beleg für die Existenz des Islam im 8. Jahrhundert Johannes Damascenus[82] genannt. Der spricht aber nicht – man muss einfach nur mal hinschauen – von „Muslimen", sondern von der „Häresie der Ismaeliten". Häretiker sind diejenigen, die die offizielle Glaubenslinie verlassen haben – das war von der Reichskirche aus gesehen bei der arabischen Kirche Maliks der Fall –, es sind aber niemals Anhänger einer anderen Religion. Es ist Usus geworden, „Araber" mit „Muslimen" gleichzusetzen, obwohl es dafür keine historische Rechtfertigung gibt.

Der Begriff „Muslime" ist zum ersten Mal für das Jahr 753 auf einer persischen Münze nachgewiesen. Er bedeutete jedoch keine spezielle Religionszu-

[82] Bonifatius Kolter (Hrsg), „Die Schriften des Johannes von Damaskus", Berlin 1981.

gehörigkeit, sondern bezeichnete diejenigen, die nach der Übereinstimmung („Islam“) mit dem Alten Testament und den Evangelien streben, statt sich durch theologische Streitereien vom ursprünglichen Text zu entfernen.

In seinem Aufruf zum ersten Kreuzzug 1096 sprach Papst Urban II. von der Rückgewinnung des Heiligen Landes für den Katholizismus und von der Neubesiedelung. Er skizzierte Palästina als das Land der Bibel, „wo Milch und Honig fließt“. Viele Kreuzfahrer nahmen ihre Familien mit und waren fast vom Schlag getroffen, als sie dann der heißen Steinwüste ansichtig wurden. Urban sprach über „Gottlose“ im Allgemeinen, verlor aber kein konkretes Wort über Muslime und ihre Religion. Hätte er sie gekannt, so kann man erwarten, hätte er Ross und Reiter genannt.

Viele für uns typisch muslimisch anmutende Begriffe sind schlicht arabisch, sie hatten bis gegen Ende des ersten Jahrtausends nichts spezifisch Islamisches an sich:

Allah: Sehr frühe aramäische Bezeichnung für „Gott“ allgemein und noch heute gebräuchlich bei arabischen Christen.

Muhamad: Der Gepriesene, Christus.

Abd Allah: Diener Gottes.

Rasul: Prophet.

Mahdi: Messias.

Bismillah: Im Namen Gottes.

Bismillah rahman rahim: Im Namen des gnädigen und barmherzigen Gottes. (Das Original auf arabischen Münzen Afrikas lautet: *In nomine dominis misericordis.*)

La illah ilallah: Es gibt keinen Gott außer Gott allein. Dies ist die wörtliche Übersetzung der lateinischen Formel „*Non deus nisi deus solus*“ – beides zu finden auf arabischen Münzen, die leichtfertig als islamische tituliert wurden.

Diese Formeln und viele andere mehr sind ursprünglich Begriffe der arabischen Christenheit. Man muss sich von der Vorstellung trennen, dass das Auftauchen eines dieser Wörter notwendigerweise etwas mit der Religion des Islam zu tun habe oder seine Existenz geradezu belege. Erst später erlangten diese Begriffe eine spezifisch islamische Zuordnung, und dies in oft seltsam undifferenzierter Form, wie das Beispiel des *Mahdi* zeigt.

Der *Mahdi*, der Messias und Erlöser, ist bei den arabischen Christen damals wie heute Jesus. Im Koran ist der *Mahdi* ebenfalls Isa bin Mariyam. Obwohl mit

Muhamad die Kette der Propheten abgeschlossen sein soll, erwartet die Hauptströmung des sunnitischen Islam trotzdem eine weitere Ankunft eines Messias, ohne diesen jedoch zu spezifizieren und ohne seinen Bezug zum endgültigen Propheten Muhamad zu definieren. Es gab bereits zahlreiche Mahdis, die jedoch nie über lokale Bedeutung hinauskamen. Der berühmteste war Muhamad Ahmad, der im Sudan von 1881 bis 1885 gegen die Engländer kämpfte[83] und einen Gottesstaat in Omdurman errichtete, der 1898 von den Engländern beseitigt wurde. Der letzte bekannt gewordene sunnitische Mahdi war 1930 Master Wallace Fard Muhammad, Gründer der „Black Muslims" in den USA.

Bei den Schiiten (den „Zwölferschiiten") ist der erwartete Mahdi an eine bestimmte Person gebunden: an den verborgenen zwölften Imam Muhamad al-Mahdi, nach der Verfassung des Iran von 1979 das offizielle Staatsoberhaupt, bis zu seiner Ankunft vertreten von den Ayatollahs.

Muhamad al-Mahdi – oder vielleicht doch der *gepriesene Messias*?

Während Paulus mit seiner Interpretation das Christentum aus dem Orient verabschiedete und es romanisierte, während Byzanz die Orthodoxie begründete, schuf Malik eine selbstständige arabische Kirche. Natürlich war er Christ, wie es alle Marwiden (vulgo „Omayaden") und die ersten der nachfolgenden „Abbasiden" waren. Der *muhamad* war sein Hausheiliger, der Felsendom sein *haram*.

In der islamisch-historisierenden Literatur des 9. Jahrhunderts hatte al-Walid von Mekka aus Mesopotamien erobert und war auf den Spuren Abrahams erobernd in Syrien und Palästina eingefallen, wobei er die legendenhafte Schlacht am Yarmuk schlug. Die islamische Tradition unterstellt eine Südnordrichtung der Expansion des Muhamad, in Wirklichkeit wanderte der *muhamad* vom Osten nach dem Westen. Mit ihm zogen zahlreiche christliche Araber, die einst verschleppt worden waren oder ihr Land unter dem Drucke der byzantinischen Reichskirche hatten verlassen müssen, in ihre angestammte Heimat zurück: Das ist eine *Hijra*, gut vorstellbar als die geschichtliche Vorlage zur legendenhaften *hijra* des Propheten von Mekka nach Medina.

83 Diese Episode erzählt der Film „Khartoum", 1966.

Al-Walid (der „Gröfaz" der Eroberungsliteratur) war ein Sohn Maliks. Er schuf sich in der persischen Tradition eine eigene Residenz, und zwar in Damaskus. Er vergrößerte den Bezirk des Heiligtums des Johannes des Täufers aus der Zeit Maavias und baute einen neuen heiligen Bezirk. Das, was heute unter „Omayadenmoschee" firmiert, wurde ohne Zweifel von Walid als arabisch-christliche Verehrungsstätte gebaut. Unter anderem brachte er den so gründlich missverstandenen Spruch an: „In der Religion herrscht kein Zwang." Dies war kein Spruch aus dem Koran, wie die Tradition das sieht, vielmehr gelangte dieser Spruch später in den Koran, außer – wiederum – man schließt sich der Meinung Luxenbergs von der Existenz eines aramäischen Urkoran an. Walid wandte sich damit gegen das kaiserliche Religionsdiktat – und rückte vielleicht auch vom Eiferertum seines Vaters ab. Sein Bruder Hisham übernahm das Heiligtum des Sergios, eines populären syrischen Soldatenheiligen, in Rufasa. Mit Hisham ging die Herrschaft der Marwiden 750 zu Ende.

In der islamischen Tradition sind die Marwiden die „Omayaden" aus Mekka – wiederum jeglichen historischen Beleg schuldig bleibend. Allerdings scheint der islamischen Tradition die Sache mit den Omayaden nicht ganz geheuer gewesen zu sein, denn einige von ihnen werden als nicht gerade beispielhafte Muslime beschrieben. So soll der „Kalif Abd al-Malik" versucht haben, die Teilnehmer an der muslimischen Wallfahrt, der *Hadj*, von Mekka weg nach Jerusalem zu lotsen.

Selbstverständlich führten die Pilgerfahrten in der Zeit Maliks nach Jerusalem, es war mit seinem Felsendom das religiöse Zentrum der arabischen Christen. Maliks gesamte Zielsetzung, auch persönlich von ihm nachvollzogen, war die Rückkehr ins Gelobte Land,[84] wo das Weltende abgewartet werden sollte. Um darauf vorbereitet zu sein, sollten sich die Christen der Übereinstimmung mit der Schrift befleißigen – das war das Verständnis von *islam* –, um nicht im Streit dem Messias gegenübertreten zu müssen.

Ein weiterer „Omayaden-Kalif", Umar II., hat uns der islamischen Geschichtsschreibung zufolge die Anweisung hinterlassen, was Ungläubige gegenüber Muslimen dürften und was nicht. Von Umar hat die Forschung allerdings kein Lebenszeichen und auch er ist wahrscheinlich ins Reich der Legenden zu verweisen. Von den 14 in der Traditionsliteratur aufgeführten

[84] Zion, Falastin in Münzlegenden.

„Omayaden-Kalifen“ sind nach gegenwärtigem Stand zumindest acht als nicht belegt von der Liste zu streichen. Die Erfindung der Kalifen Marwan I. und Marwan II. im traditionellen Bericht zeigt das prinzipielle Nichtverstehen des dynastischen Grundkonzepts. Die persische Wurzel MRW wurde falsch verstanden oder bewusst verdreht und aus dem Ursprungsort der Dynastie, Marw in Ostpersien, eine Person namens Marwan gemacht, selbstverständlich aus Mekka und aus dem Umkreis des Propheten stammend. Grund für solche Fehlleistungen waren der Wunsch nach einer bestätigenden Darstellung um jeden Preis, also schlicht Geschichtsfälschung, aber auch die Diskrepanzen, die sich bei der nachträglichen Rückrechnung vom arabischen Sonnenkalender in den Mondkalender der *Hijra*-Zeit ergaben und die kaschiert werden mussten. Lücken wurden nach Gutdünken aufgefüllt, absolut kein Einzelfall der Geschichtsschreibung früherer Tage.[85]

756 soll nach islamischer Tradition ein weiterer Omayade, ein gewisser Abd al-Rahman, das islamische Kalifat in Sevilla gegründet haben. Dass wenig später ebendort eine Synode abgehalten wurde, scheint nicht weiter zu stören. Auch nicht die höchst befremdliche Behauptung, dass der byzantinische Kaiser für den Bau der omayadischen Moschee in Granada 140 Säulen gespendet haben soll.[86] Den Teufel hätte er für eine Moschee gespendet.

Der Übergang von den „Omayaden“ zu den „Abbasiden“ ist auch religiös als Übergangszeit zu sehen, obwohl der große Einschnitt erst nach Mamun erfolgte. Der erste „Abbaside“ baute 756 ein Heiligtum in Medina, das heutige „Prophetengrab“. Auch er brachte noch christologische Bekenntnisse an, aber Maria und Jesus treten bereits in den Hintergrund. Allmählich überflügelte das Heiligtum von Medina jenes von Damaskus an Bedeutung.

Das 7. und 8. Jahrhundert, also präzise die Zeit der behaupteten islamischen Eroberungen, war die Blütezeit der arabisch-syrischen Kirche. Zahlreiche Neubauten von Kirchen entstanden, die bekanntesten sind der Felsendom in Jerusalem und die Johannesbasilika in Damaskus. Missionierungen reichten über die Grenzen Persiens hinaus bis nach China. Theologisch fand in der arabischen Kirche eine Loslösung vom Gottmenschen Jesus und den damit zusammenhängenden philosophischen Problemen der griechischen Tradition

---

85 In der Bibel erreichen manche Persönlichkeiten deshalb ein ungeheueres „biblisches Alter“, weil die genaue Genealogie in Vergessenheit geraten war und die Lücken mit expandierter Lebenszeit gefüllt wurden.

86 Burchard Brentjes, „Die Mauren“, Leipzig 1989.

statt. Vielmehr spricht Gott durch die verschiedenen Propheten, von denen auch Jesus einer ist. Die griechische Kirche wurde Schritt für Schritt quasi nationalisiert.

Für das antike Verständnis war es das absolute Minimum, dass ein Gottessohn, wenn schon nicht göttlich gezeugt, so doch zumindest einer Jungfrauengeburt entstammen musste. Marias Ehemann Joseph wurde folgerichtig in der christlichen Tradition fast bis zur Unsichtbarkeit an den Rand der Geschehnisse gerückt, aber die Mutter selber in Heiligenstatus versetzt. Im Koran wird Joseph mit keiner Silbe erwähnt.

Die Araber drückte der Schuh ganz woanders: In ihrem sozialen Verständnis konnte für eine bedeutende Persönlichkeit keine Frau eine derart zentrale Bedeutung einnehmen, es musste eine männliche Linie her, und zwar eine eindrucksvolle. Durch Uminterpretation des *abd Allah* wurde des *muhamads* Vater als Abd Allah dingfest gemacht und im weiteren Verlauf der Muhamad mit einer beeindruckenden Ahnenreihe versehen, die ihn in die Nähe Abrahams rückt: Muhamad wird direkt mit Abraham verlinkt, die „Omayaden“ gehen auf einen Omar zurück, die „Abbasiden“ auf einen Abbas, beide stammen aus dem unmittelbaren Umfeld des Propheten. Wenn das keine Legitimierung ist![87] Allerdings bleiben uns die Konstrukteure jeglichen Nachweis schuldig.

In dem kulturell disparaten Raum war die syro-aramäische Sprache das verbindende Element. Das ging so weit, dass sogar in Persien zahlreiche offizielle Dokumente in Aramäisch verfasst wurden. Auch politisch war der Raum differenziert und meist unruhig. Die Zentralgewalt reichte nicht wesentlich über die größeren Städte hinaus, in den Provinzen trugen die kleineren und größeren Emire ihre Machtkämpfe aus. Mit der Erosion der Macht der Marwiden erodierte auch die Stellung des *muhamad*. Ein Grund dafür dürfte die enttäuschte Messias-Erwartung gewesen sein. Dem Konzept des *muhamad*, des „Gepriesenen“, stellte sich das Konzept von Jesus als *wali-Allah*, des „Stellvertreters Gottes“ entgegen, zwei Konzepte, die damals offensichtlich sehr verschieden verstanden wurden. Der *wali-Allah* ist mit dem Titel des „Hervorragenden“ *(ali)* verbunden und wird zum Vollstrecker des Willens Gottes im Stile eines persischen Ritters. So wie sich der *muhamad* zu einer

[87] Saddam Hussein sorgte in der arabischen Welt für Aufregung, als er König Hussein von Jordanien als „Cousin“ ansprach. Dies wurde als der Versuch gewertet, sich in die Familie des Propheten einzuschleichen, auf die sich ja die Haschemiten-Dynastie König Husseins zurückführt.

Person verselbständigte, tat dies der *ali*. Daran entzündete sich ein Streit, der zur Abspaltung *(shia)* der Partei des *ali* führte: die heutigen Schiiten. Wie der *Muhamad* ist auch der *Ali* in Persien[88] entstanden, kam aber bis auf den heutigen Tag nie richtig über seine Heimat hinaus. Der erste nach-marwidische Herrscher dürfte ein Alide gewesen sein. Wir kennen seine Münzen, seinen Namen verrät er uns allerdings nicht. Die islamische Tradition indes kennt ihn: Es sei ein Abbas, der selbstredend der Familie des Propheten entstammt. Die „Abbasiden" kamen zu einem ebenso dubiosen Namen und einer historisch großenteils nicht gesicherten Thronfolge wie vor ihnen die „Omayaden".

Das *muhamad*-Motto der Marwiden wurde abgelöst durch eine Anzahl weiterer Titel, unter deren Motto die Herrschaft für den verborgenen Jesus ausgeübt wurde. Der Regent stellte seine oft anonyme Herrschaft unter ein Prädikat Jesu: *al-hadi* (Heiland), *mardi* (der geliebte Sohn), *harun* (der Gerechte), *mansur* (der Siegreiche), *mahdi* (der Erlöser) und andere Titel mehr. Auch Moses und der wegen seiner Redegewalt von Gott ihm als *khalif*, „Verkünder", beigegebene Aaron sind als Programm und nicht als Name aufzufassen. Es sind zutiefst christologische Programme und Titel, die islamische Tradition hat diese kurzerhand zu Herrschernamen umfunktioniert. Es gab mit Sicherheit keine „Kalifen" al-Mansur, al-Mahdi, Musa al-Mahdi oder al-Saffah, und die ersten „Abbasiden" waren mit Sicherheit Christen.

Auch die Geschichtlichkeit des Prototyps eines märchenhaften islamischen Potentaten, des berühmten Harun al-Rashid, ist bedroht. Hat doch eine Frau, eine Zubayda, während der Zeit seiner angeblichen Regentschaft 13 Jahre lang ihre eigenen Münzen emittiert. Hat sie unter dem Motto des „gerechten Verkünders Aaron" regiert?

Einen bedeutenden Machtfaktor am Hof der „Abbasiden" stellten über Generationen hinweg die Barmakiden dar. Diese waren buddhistische Tempelvorsteher in Bagdad, zugewandert aus den Ostprovinzen des persischen Reiches; ihr Name leitet sich von dem Titel „Parmak", dem Vorsteher des buddhistischen Hauptklosters von Nawbahr, ab. Sie fungierten unter mehreren Herrschern als Wesire und waren wesentliche Teilhaber an der Macht – wenn einige von ihnen nicht gar die Herrscher selber waren.

[88] Der *ali* im Süden, der *muhamad* im Osten.

Ein bemerkenswerter Regent war der Nachfolger Zubaydas, al-Mamun (786–833, mit Vorbehalt). Nach mehr als zehnjährigem Aufenthalt in Chorasan, Ostpersien, zog er, nachdem er sich wohl eine Hausmacht geschaffen hatte, 825 nach Bagdad und beseitigte den Regenten, seinen Halbbruder Amin (?). Al-Mamun fand eine geistig lebhafte Stadt vor. Es gab eine starke jüdische Gemeinde, Buddhisten, Zoroastrier, Manichäer, persische, arabische, hellenistische Christen – die wohl auch die Schriften eines arabischen Propheten diskutierten, die allmählich in Umlauf gelangten.

Als Perser war Mamun noch nie in die westliche Reichshälfte gelangt. Dies holte er jetzt ausgiebig nach. Mit einem großen wissenschaftlichen Stab zog er zunächst nach Harran, dem Ort Abrahams, der zugleich ein wissenschaftliches Zentrum der Mandäer[89] war, und von dort weiter nach Damaskus. Er besuchte die Basilika des Johannes, die Bauten der Marwiden. Von dort ging es an den Nil. Theorien über den Ursprung des Flusses wurden erörtert, er sah mit eigenen Augen, wo der Prophet Moses im Bastkörbchen getrieben war. Er machte in Jerusalem halt und inspizierte mit seinem Stab die Inschriften des Abd al-Malik in der Kirche am Tempelberg. Und man fand den Beweis für einen Propheten der Araber. Hier stand es schwarz auf weiß: *muhamad abd Allah.* Was unter Malik noch „Gepriesen sei der Knecht Gottes" hieß, wurde jetzt in Arabisch zum „Muhamad, Sohn des Abd Allah". Eine früher nicht mögliche Konstruktion war in der modernen, kürzlich in den Grammatikerschulen Mesopotamiens entstandenen arabischen Schriftsprache mit etwas Nachhilfe plötzlich möglich geworden. Mamun soll den Namen Maliks entfernt und seinen eigenen eingesetzt haben,[90] die Jahreszahl 72 *kata Arabos* behielt er bei.

Wir besitzen Münzen von Mamun, auf denen er sich als *Halifat Allah* bezeichnet, die erste Nennung dieses Titels seit Malik, aber in anderer Bedeutung. Während bei Malik der *Halifat Allah* Jesus war, ist Mamun als „Kalif" und „Imam" der erste Repräsentant seines Gottes. Welchen Gottes aber? Sicher des einen Gottes, Allah, der den Propheten Muhamad zu den Arabern geschickt hatte. Trotzdem hat sich Mamun keinesfalls als „Muslim" verstanden – die

89 „Sterneanbeter", Anhänger der alten babylonischen Religion.

90 Es ist nicht belegt, dass Mamun selber die Änderung vornahm. Sie mag in noch späteren Zeiten vorgenommen worden sein. Es könnten auch die wenigen diakritischen Punkte der Inschrift später eingesetzt worden sein.

Verselbstständigung dessen, was wir heute unter „Islam" verstehen, war zu seiner Zeit noch nicht vollzogen.

Mamun versammelte die besten Köpfe der Zeit an seinem Hofe: Wissenschaftler aller Disziplinen und Schattierungen, es herrschte intellektuelle Freiheit. Als ihm etwa zu Ohren gekommen war, dass der Koran eine Erde flach wie ein Teppich postulierte, die arabischen Astronomen seiner Zeit sie aber als Kugel definierten, ging er der Sache gleich auf den Grund. In der Steppe bei Mossul ließ er zu verschiedenen Sonnenwinkeln einen geographischen Grad abstecken und so den Erdumfang berechnen. Seine Expedition kam zu dem Ergebnis: Der Umfang der Erdkugel beträgt 40075 Kilometer (die exakte Zahl ist 40235).

Einzelne Korantexte waren schon bekannt und in der Diskussion, aus dem späten 9. Jahrhundert stammt der erste zusammengefasste Text in Arabisch. Es gab sehr bald eine radikale Strömung, namentlich von Ibn Hanbal vertreten („Hanbalismus"), deren Anhänger eine wörtliche Auslegung betrieben. Mamun machte sich zum Führer der *Mutaziliten*, deren Geisteshaltung an den antiken Philosophien und Wissenschaften eng angelehnt war. Er ließ feststellen, dass auch der Koran geschaffen worden sei und somit diskutiert werden dürfe. Mamun war ein Arabisierer, aber kein Islamisierer.

Die islamische Tradition feiert die Zeit Mamuns als Blütezeit des Islam. Nichts ist falscher, Mamun bekämpfte erbittert den *Hanbalismus*, also etwa das, was sich in der Folgezeit als *Islam* konstituierte.

Nach Mamun kam ein großer Umbruch. Der *muhamad* und der *ali* waren bereits personifiziert, das Kalifat – obwohl nur von Malik und Mamun in vollkommen anderer Bedeutung benutzt – wurde rückwirkend allen Herrschern seit „Muhamad" zugedacht: eine lückenlose theokratische Kette vorgaukelnd, die nie existierte. Der Koran entstand und parallel dazu die arabische Sprache und Schrift. Der *Muhamad* erhielt sein Grab in Medina, der *Ali* unterlag im programmatischen Streit und bekam eine Märtyrerlegende übergestülpt. Das rätselhafte koranische Bakka (Sure 3:96) wurde schließlich als das arabische Mekka[91] „identifiziert" und festgeschrieben. Die gesamte Geschichte der letzten 300 Jahre wurde legendenhaft in die Wüste Arabiens verlegt oder gleich ganz neu erfunden. Die möglicherweise erste originäre Moschee *(mas-*

91 Das ständig bemühte „bedeutende Handelszentrum Mekka an der Kreuzung wichtiger Straßen" ist in Wirklichkeit unbekannt. Ein historischer Ort namens Mekka im 6. oder 7. Jahrhundert ist bis heute nicht belegt. Erwähnung findet im Koran lediglich ein „Bacca", dessen Lage … [weiter S. 137]

jid) entstand in der neuen Residenzstadt Samarra, mit einer nachempfundenen altbabylonischen Zikkurat als Wahrzeichen und der Mutter aller Minarette. Wir befinden uns an der Schwelle zum 10. Jahrhundert.

Wann man noch von „Kirche" sprechen muss und wann schon von „Moschee", ist nicht präzise datierbar. „Masjid" war und ist noch heute in Aramäisch ganz allgemein ein Platz der Gottesverehrung. Erst sehr viel später wurde daraus der Begriff für das spezifisch islamische Gotteshaus. Man kann erst dann von einer *Moschee* sprechen, wenn die *masjid* ein *mahrab* (Gebetsnische) Richtung Mekka aufweist.

Die Große Moschee von Samarra wurde um 850 von Al Mutawakkil gebaut. Möglicherweise handelt es sich um den ersten originären Moscheebau überhaupt. Das Minarett ist einer altbabylonischen Zikkurat nachempfunden (Foto 1954).
Foto: Simmons Aerofilms/Science & Society Picture Library

93 weiter: ... mit Abrahams erstem Gebetshaus identisch sein soll. Weil alle vorislamischen Traditionen Abraham jedoch in Mesopotamien ansiedeln, wurde noch im 8. Jahrhundert Bacca als Ort in Mesopotamien beschrieben. Tabari (wiederum Tabari) ist der Erste, der von einem „Mekka" in der arabischen Wüste spricht. Luxenberg (wiederum Luxenberg) sieht in Bacca die syro-aramäische Bedeutung von „umzäunt, umgrenzt". Demnach wäre mit Bacca/Mekka kein spezifischer Ort gemeint, sondern ein umgrenzter, heiliger Bezirk im Allgemeinen.

Islam heißt „Übereinstimmung", und zwar Übereinstimmung mit den Heiligen Büchern. Das waren christliche Bücher, das Alte Testament, die Evangelien, Apokryphen[92]. Schon im 2. oder 3. Jahrhundert setzte die Entstehung einer arabisch-christlichen Kirche ein, und diese entwickelte sich konstant weiter. Ursprünglich dürften Juden, Judenchristen und andere Christen ohne große Abgrenzung nebeneinandergelebt haben. Die einzelnen Gruppierungen entwickelten jedoch schrittweise ihre eigene Theologie, die diversen Konzile, bereits das von Nikäa (325), zogen tiefe Trennlinien durch die orientalische Christenheit. Die arabischen Christen vollzogen die Theologie der Reichskirche nicht mit und verharrten damit auf dem theologischen Standard vor Nikäa.

Sie hatten nichts weiter gewollt, als zum wahren Christentum zu finden. Man sah sich als die Ismaeliten, die Söhne Ismaels in der wahren Tradition Israels, die im Laufe der Zeit verfälscht worden sei. Man suchte den *Islam*, die Übereinstimmung mit der „Schrift". Man wollte nichts mehr mit der byzantinischen Diktatkirche zu tun haben, nichts mehr mit ihrer Konstruktion einer Dreifaltigkeit, in christlich-arabischen Augen die Abkehr vom Glauben an einen einzigen Gott. Die arabischen Christen wurden eingefleischte „Monophysiten". Tatsächlich wird im Koran nichts mehr betont als der Einzige Gott. Aus Sicht der Reichskirche war das natürlich „Häresie", der Abfall vom richtigen Glauben. Und als Häretiker wurden die arabischen Christen in zeitgenössischen Quellen denn auch bezeichnet. Als falsche Christen, aber keineswegs als Anhänger einer neuen Religion.

Die Juden hatten ihr Buch, die Perser, die Christen. Nicht aber die Araber. Es sind Bestrebungen bekannt, ein Evangelium, nämlich das der Araber, zu erstellen. Auch der Koran spricht von *dem* Evangelium, obwohl es doch mehrere sind. Die christlichen Häretiker schufen sich ihre eigenen heiligen Texte, die sich mehr und mehr verselbstständigten und mit alten Wüstentraditionen vermischten.

Dominierend auf der arabischen Halbinsel der vorjüdischen/christlichen/islamischen Zeit war der Mondkult, verbreitet von Syrien bis in den Jemen,

92 „Apokryphen" sind nicht von der Glaubenshoheit anerkannte Texte. So benutzen die Kopten noch heute ein „Petrus-Evangelium", das von der orthodoxen und weströmischen Kirche nicht anerkannt wurde.

mit regional unterschiedlichen Gottheiten. Mondkulte sind typisch für Hirtengesellschaften, dem Mond wurden alle denkbaren positiven Eigenschaften zugeschrieben, die Sonne galt eher als Zerstörer (sehr gut nachvollziehbar bei Wüstenbewohnern, die Sonnenverehrung ist denn auch der Kult von Agrargesellschaften). Diese Wüstentraditionen hatten großen Einfluss auf die sich entwickelnde Religion, der auch heute noch deutlich sichtbar ist.

Besonders beliebt in Mittel- und Nordarabien waren Allat und Uzza, ein Geschwisterpaar, zu dem gelegentlich auch Manat stieß, die das Schicksal der Menschen vorzeichnete. Allat (Kurzform von al-Ilahah, „Göttin") war die Göttin des Mondes, Uzza die Göttin des Morgensterns, weswegen sie hellenistische Quellen auch mit der Venus gleichsetzten. Die Göttinnen waren auch zuständig für Wasser und Fruchtbarkeit, und zumindest Uzza sollen Menschenopfer dargebracht worden sein. Verehrt wurden sie in heiligen Bäumen, Quellen und vor allem in schwarzen Steinen. Allat besaß Steine im heutigen Mekka, Taif und Petra; Uzza heilige Bäume ebenfalls in der Nähe des heutigen Mekka und eine Quelle nicht weit vom heiligen Stein ihrer Schwester in Mekka entfernt. Dschinnis, böswillige Geister, trieben in der Wüste ihr Unwesen. Der heilige Stein der Allat in Mekka erhielt irgendwann einen „würfelförmigen" Überbau, eine *kaaba*[93]. Es fanden regelmäßige Pilgerfahrten zu diesem Heiligtum statt, in dem noch eine Reihe anderer Gottheiten residierte. Dass der Mond- und Sternekult unter den Beduinen offenbar sehr zählebig war, schlägt sich deutlich im Koran nieder, wo in mehreren Stellen auf diese Götzendiener Bezug genommen wird.[94] Erst Muhamad sei es gelungen, die Götzen aus der Kaaba zu vertreiben, trotzdem haben sie sich in seiner Religion bestens etabliert: Noch heute wird der schwarze Stein der Allat, gefasst in eine silberne Umrahmung, in Anbetung umrundet, die Quelle der Uzza, unter Muslimen heute als „Zamzam" bekannt, ist Pflichtbesuch bei jeder Pilgerfahrt. Auch die Dschinni, die bösen Gottgeister, sind im Koran reichlich vertreten[95] und von den Gläubigen immer noch gefürchtet.

Der Sichelmond der heidnischen Mondgöttin Allat hat sich als das Symbol des Islam verewigt; auf Flaggen mancher islamischer Länder in Einheit mit dem Morgenstern der Schwestergöttin Uzza.

---

93 Nach einer anderen Erklärung leitet sich „kaaba" vom altesimitischen „kauba" (Vulva) ab.
94 Ganz besonders Sure 5 : 19–23.
95 Sure 72, „Die Dschinni", Sure 55 : 33, 56, 74 etc.

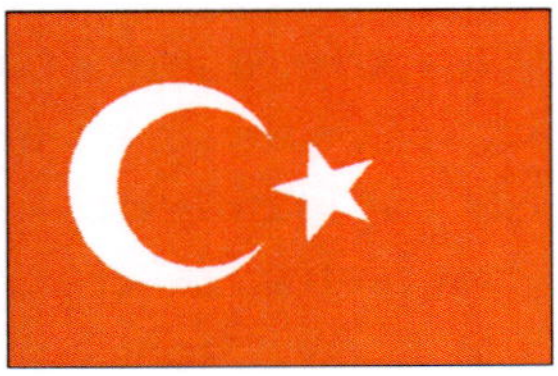

Der Ort der Kaaba in Mekka (großes Foto; Foto: dreamstime) war die Verehrungsstätte der Mondgöttin Allat und der Göttin des Morgensterns, Uzza. Allat wurde in einem heiligen schwarzen Stein verehrt. Dieser ist heute in einer Ecke der Kaaba eingemauert und von einer silbernen Hülle eingerahmt (links unten). Allat war auch die Göttin der Fruchtbarkeit. Diesen Stein zu küssen ist die Krönung einer Pilgerfahrt.
Manche islamische Staaten tragen den Sichelmond der Allat und den Stern der Uzza auf ihrer Flagge.

Die zahlreichen in den Koran aufgenommenen Anleitungen und oft ins letzte Detail gehenden juristischen Vorschriften sind diejenigen der damaligen Beduinengesellschaft. Man darf annehmen, dass wüstenspezifische Elemente schon früh Eingang in die Religion gefunden haben. Noch mehr mag aber bei der umfassenden Rückinterpretation der Geschehnisse in die arabische Wüste hineingeschrieben worden sein. Es ist ein großer Unterschied zu sehen im theologischen Teil des Koran (die „mekkanischen Suren") und in den Ausführungsbestimmungen (die „medinischen Suren"), sie tragen eine völlig verschiedene Handschrift.

Eine wichtige Station von der Geschichtlichkeit zur Legende nimmt zweifellos al-Hira, ein Ort im südlichen Mesopotamien, ein. Hier lebte eine christliche Gemeinschaft mit eigenen, strengen Regeln, unter anderem war ihnen in nabatäischer Tradition der Genuss von Wein verboten. Sie waren ein Verband arabischer Stämme, die sich unter der Religion als verbindendem, stammesübergreifendem Element zusammengeschlossen hatten. Die Hirenser verstanden sich als die Gemeinschaft der *Ibad*, der „Diener" (gemeint ist „Diener Gottes"). Auch der Koran spricht von *Ibad*. Allerdings müsste es korrekt *Abid* heißen (die Pluralform von *Abd*), das *Ibad* gibt es nur als mesopotamische Sonderform, bezogen auf die besagte Gemeinschaft. Nur verschrieben?

Man erinnere sich, Hira hieß auch der Ort in der Nähe Mekkas (ein Berg oder eine Höhle), wo in der islamischen Tradition Muhamad seine ersten Offenbarungen empfing. Ein Zufall? Tatsächlich gibt es guten Grund zur Annahme, dass dieser real existierende Ort al-Hira von der Tradition mit entsprechendem Bedeutungsinhalt von einer Lokation zu einer anderen transferiert wurde, ein Vorgang, für den es in der Geschichte zahlreiche Entsprechungen gibt. Haben wir es bei den hirensischen Christen mit den „Ur-Muslimen" zu tun?[96]

Kaum hatten die Autoren die Geschehnisse in die arabische Wüste verlegt, suchten sie das Heilige Buch als ein allumfassendes zu etablieren. Wer dieses Buch habe, brauche kein anderes mehr. Damit wurde die Saat gelegt zu der

96 Eine Legende spricht von einem Händler und Prediger, der in al-Hira das Christentum angenommen habe und es im südlichen Arabien verbreitete. Er habe Qutham geheißen und sei später als Muhamad bekannt geworden.

Vermengung von Privatem, Öffentlichem, Zivilem und Staatlichem, das den Islam fortan kennzeichnete. Und selbst der Esel Luqman aus dem *Akhikar*, dem indischen Buch der Weisheit, der die Gläubigen im Paradies unterhält, fand sogar als eigene Sure noch Platz im Koran.

Diese Rückinterpretation der Geschichte vollzog sich hauptsächlich im 9. Jahrhundert in den Lektoraten von Basra und Kufa. Alles, was an Schriftgut und mündlichen Überlieferungen zur Verfügung stand, wurde von den Editoren zusammengefasst und niedergeschrieben. Wie sich allerdings herausstellte, beherrschten sie die Sprache der alten Texte nicht mehr richtig, sie verstanden die ursprüngliche Bedeutung von Wörtern nicht mehr. Deshalb deuteten, vermuteten, lavierten, interpretierten sie bereits von der Stunde null an – was bis heute Kennzeichen einer Koranlesung geblieben ist („Interpretationen"). At-Tabari (um 900) ist heute noch der angesehenste und am häufigsten zu Rate gezogene Interpret. In Wirklichkeit war er Übersetzer und Sinngeber. Bei allem Fleiß und bei aller Akribie war er, um bei einem arabischen Terminus zu bleiben, die Mutter aller Falschübersetzer.

Natürlich sollte die Sprache des neuen Buches Arabisch sein, aber ein umfassendes Arabisch gab es nicht. Und vor allem: Es gab nur eine rudimentäre arabische Schrift – es musste also erst eine für alle lesbare Schrift definiert werden. Deshalb waren die Koranersteller auch Grammatiker. Sie schufen nichts weniger als das Koranarabische, die Grundlage der *Arabiya*. Man nimmt als gesichert an, dass der Koran überhaupt der erste Text in dieser neuen Sprache war.

Die Editoren und ihre Nachfolger erfanden Sprache und Geschichte also neu. Und nichts dokumentiert das völlig zerrüttete Verhältnis des Islam zu seiner eigenen Geschichte besser als die Symbole einer verhassten Heidengottheit auf seinen Flaggen und Gebetshäusern: Sichelmond und Morgenstern.

Es gibt, wie bereits mehrfach erwähnt, keinerlei irgendwie gearteten Nachweis über den Propheten und sein Wirken. Die islamischen Darstellungen sind ausnahmslos Berichte aus dem 9. Jahrhundert und noch später. Diese Berichte sind die Hadithe, und auf ihnen basiert die Lebensgeschichte des Propheten („Sira"). Sie mussten vor der Niederschrift in größtenteils wörtlichen Zitaten über mindestens fünf Generationen mündlich tradiert worden sein. Vornehmlich von berufsmäßigen Erzählern, den *quasas*, die präzise das sind, was man unter einem orientalischen Märchenerzähler versteht. So kamen dann die bis ins letzte Detail gehenden Geschichten über den Tagesablauf des Propheten, die angeblichen Heldentaten und Eroberungen, ja die ganze uns geläufige Geschichte des frühen Islam zustande.

Ihre Erfinder waren Arabisierer und Islamisierer um jeden Preis. Sie ernannten Kalifen, schlugen Schlachten und präsentierten ein Wunder nach dem anderen, wenn die Geschehnisse selbst für religiöse Menschen nicht mehr logisch nachzuvollziehen waren. Den Schauplatz der zentralen Ereignisse verlegten sie erzählerisch in die arabische Wüste. Man mag auch annehmen, dass kursierende Erzählungen über durchaus existierende Akteure – ein Scheik oder ein lokaler Prediger – in ihre Berichte Eingang fanden, die aber dann mit dem Label „Muhamad" versehen wurden. Die Editoren scheuten sich auch nicht, den legendären alttestamentlichen Abraham als Ibrahim in Mekka anzusiedeln und zum ersten „Rechtgläubigen" zu ernennen, was unausgesprochen, aber selbstredend nur ein Muslim sein konnte. Der Libanese Kamal Salibi verlegte in einschlägiger Tradition gleich das gesamte Alte Testament in das heutige Arabien und versuchte es so für den Islam zu beschlagnahmen.[97]

Das *qeryana*, das aramäische Liturgiebuch der arabischen Christen, endete nach einem halben Jahrtausend, nach vielen Zwischenstufen, Änderungen, Hinzufügungen und Weglassungen, im arabischen *quran*, dem Buch einer neuen Religion. Nachdem die eigene Religion der Araber Konturen angenommen hatte, brauchte man einen eigenen arabischen Repräsentanten. Wie schon der brennende Wunsch nach einem eigenen Evangelium, so bestand die Sehnsucht nach einem eigenen – und oft vorausgesagten – Propheten. Die Juden hatten ihre Propheten, die Christen den ihren, und jetzt, im 9. Jahrhundert, bekamen auch die Araber ihren eigenen Propheten: Der „gepriesene Gottesknecht" *muhamad abd Allah* war zum „Muhamad, Sohn des Abd Allah" geworden.

Wir können also festhalten: Der Islam mit seinem heiligen Buch war nicht von heute auf morgen auf der Welt. Er hat sich auch nicht in 80 Jahren über die Hälfte der damaligen Welt verbreitet, wie uns die religiösen Legenden weismachen wollen. Der Islam hat eine lange, verwickelte Entstehungsgeschichte und seinen Ursprung zweifellos im arabischen Christentum.

---

[97] Die Bibel kam aus dem Lande Asir, Hamburg 1985.

Das Christentum ist eine Abspaltung vom Judentum, der Islam eine Abspaltung vom Christentum.

Diese Abspaltung war erst im 10. Jahrhundert komplettiert, erst da haben wir die Verhältnisse, wie sie für das 7. Jahrhundert beschrieben werden. Die Darstellungen dieses Zeitabschnittes in der islamischen Tradition, besonders die der ersten 200 Jahre, gehören in die Kategorie „Märchen aus dem Morgenlande".

„Wer hat uns das angetan?"

„Wir zahlen ihnen damit nur einen kleinen Teil von dem zurück, was sie uns angetan haben!"

Osama bin Laden zu seinen Terroraktionen

Die islamische Welt ist in einem schlechten Zustand. Ganz besonders ihr Kernstück, die arabischen Länder. Bei allen soziologischen Daten rangieren sie am Schluss der Weltrangliste, übertroffen nur von afrikanischen Ländern. Und das trotz des Öleinkommens.

Ganz im Gegensatz zu der klischeehaften öffentlichen Meinung sind die arabischen Staaten in ihrer Gesamtheit arm. Alle zusammen erwirtschaften außer Öl im Schnitt gerade einmal so viel wie das viel kleinere Spanien. Die Produktion, die in den eigenen Ländern stattfindet, beruht im Wesentlichen auf ausländischen Lizenzen. Originär geschaffen wird so gut wie nichts. Die gesamte arabische Welt brachte es im Zeitraum von 1980 bis 2000 auf 370 Patente, im Vergleich dazu Israel auf 7 650 und Südkorea, das wegen zeitlich paralleler Entwicklung gern als Vergleichsland herangezogen wird, auf 16 300. Koreanische Arbeiter erwirtschafteten in diesen Jahren, wenn man das Öl ausnimmt, viermal so viel wie die gesamte arabische Welt.

Wozu brauchen die arbeiten, mag man einwenden, sie haben ja das Öl. Dies scheint naheliegend, ist aber auch ein Teil des Problems. Zwar wirft das Öl enorme Gewinne ab, aber der Reichtum kommt nicht an. Die Verschwendungs- und Prunksucht arabischer Milliardäre ist schon Legende. Aber auch ein Land wie Iran, das nun nicht für seine prassende Oberschicht bekannt ist, kommt wirtschaftlich nicht voran. Nur die Emirate, einige kleine Golfstaaaten und Exoten wie Brunei machen eine Ausnahme.

Völlig abgeschlagen sind alle arabischen Länder in der Bildung, einem Schlüsselsektor für zukünftige Entwicklung. Der hohe – bei Frauen dramatisch hohe – Prozentsatz an Analphabeten schlägt sich folgerichtig in der Buchproduktion nieder: Bei einem Weltbevölkerungsanteil von fünf Prozent ging 2005 gerade ein Prozent der weltweiten Buchproduktion auf die arabischen Länder, und davon waren der überwiegende Teil auch noch religiöse Titel.

Diese Zahlen sind im *Arab Human Development Report (AHDR)* nachzulesen. Dies ist ein regelmäßiger Bericht zur Lage der arabischen Staaten, verfasst von arabischen Autoren, seit 2005 allerdings in den Gesamtreport der UN eingebunden und so schwerer zu entschlüsseln. Es ist ein Bericht von beachtlicher Offenheit, aber auch nicht frei von Klischees. So werden als Gründe für die Probleme der arabischen Welt unter anderem die amerikanische Nahostpolitik sowie Israel genannt. Sicher, Israel ist ein psychologisches Trauma für die Region. Aber war die Situation vor der Gründung Israels besser? Nicht wirklich. Und wäre sie es heute ohne Israel? Nicht anzunehmen.

Dass sich die arabische wie die gesamte islamische Welt in einer tiefen Krise befindet, ist offensichtlich, auch für die Betroffenen selber. Wenn etwas so gründlich schiefgelaufen ist, sollten die nächstliegenden Fragen sein:

„Was ist schiefgelaufen?"

„Warum ist das schiefgelaufen?"

„Was haben wir falsch gemacht?"

Nicht so in der islamischen Welt. Hier lautet die zentrale Frage:

„Wer hat uns das angetan?"

Die Antworten sind bis auf den heutigen Tag dieselben: Die Franken, die Kreuzfahrer, die Mongolen, die Franzosen, die Engländer, die Missionare, die Sowjets, und aktuell die USA, die Israeli, der Westen.

Nachzulesen in jeder beliebigen Publikation eines islamischen Landes.

Beschworen wird gleichzeitig die glorreiche Zeit, die „Goldenen Jahre des Islam".

Wie konnte es zu dem Absturz aus der goldenen Vergangenheit in die triste Gegenwart kommen, fragen sich die Muslime. Hat Allah sich abgewendet, und wenn ja, warum?

Die Zeit der arabischen Reiche, ausgehend vom Jahre 622, sind die beschworenen und viel zitierten „Goldenen Jahre des Islam". Wie wir wissen, sind die Zeiten des Propheten mit ihren detailreichen Schilderungen nichts weiter als fromme Legenden, ebenso die explosionsartige Expansion der Religion. Die reale politische Entwicklung des 7. Jahrhunderts mündete in ein arabisches Großreich, keineswegs in ein islamisches, und hatte mit der Person des Propheten und mit den auf ihn künstlich aufgepfropften, legendenhaften Herrscherdynastien der frühen Kalifen absolut nichts zu tun.

Die kulturelle Vielfalt in diesem arabischen Reich mit ihren verschiedenen Ethnien und Religionen führte an den Höfen von Bagdad, Samarra, Damaskus, Teheran und sogar jenen im heutigen Kasachstan, Usbekistan, Turkmenistan und Afghanistan zu einem beeindruckenden Aufblühen der Wissenschaften.

Mit dem Zusammenbruch Roms war in Europa nicht nur die antike Kultur verschwunden, sondern auch ihr geistiges Erbe. Das Abendland versank ins „dunkle Mittelalter". Ganz anders der Orient. Hier griffen die arabischen Wissenschaftler die griechischen Philosophen auf, diskutierten sie und versuchten sie weiterzuentwickeln. Auf dem Gebiet der Astronomie, der Medizin, der Physik und namentlich in der Optik wurde Neuland betreten. Mit Ibn Rushd (Averroes) war bereits der Endpunkt erreicht, als seine Werke als unislamisch öffentlich verbrannt wurden und er selber 1198 in der Verbannung starb. Der „Mutazilismus" eines Mamun war nicht weniger als ein arabischer Humanismus gewesen, bereits seine Zeit hatte die Voraussetzung für eine „Renaissance". Es kam jedoch anders: Al-Ghazali gelang die Ächtung der Ratio und des freien Denkens,[98] der Mutazilismus unterlag, die Ultrareligiösen obsiegten, der Islam wurde Staatsreligion. Jede geistige Beschäftigung über die religiösen Bücher hinaus wurde unter Strafe gestellt – und die Renaissance fand mit Verzögerung in Europa statt. Die geistige Blüte des orientalischen Mittelalters war eine arabische, aber keine islamische. Mehr noch: Die Etablierung des Islam beendete diese arabische Blütezeit in kürzester Zeit.

Der Verfall des arabischen Reichs fing beim Geistesleben an und setzte sich in alle Bereiche fort. Drei Jahrhunderte später war das arabische Reich nicht wiederzuerkennen. Die Städte waren im Verfall begriffen, das fruchtbare Umland unproduktiv, die Menschen waren in Massen aus den einstigen Kulturzentren abgewandert.

Wie konnte es dazu kommen?

Eine beliebte Erklärung ist die Pest. Die gab es aber in Europa genauso. Dann der Mongolensturm von 1258. Sicher, die Mongolen richteten große Zerstörungen an, aber sie zogen bald wieder ab – und zwar als Muslime.

Die Kreuzzüge? Der erste Kreuzzug von 1096 war eine naive und eher idealistische Bewegung eines neuen Einzugs in das Gelobte Land, wo Milch

---

98 Al-Ghazali, „Die Nichtigkeit der Philosophie", „Das Wiedererstehen der religiösen Wissenschaften".

und Honig fließen sollte. Beherrscht wurde die Region von arabischen und besonders türkischen Stämmen, die Zentralgewalt in Bagdad war im Verfall. Jerusalem wurde mehrheitlich von Christen und von Juden bewohnt und auch von Letzteren zusammen mit ägyptischen Truppen verteidigt.[99]

1106 traf sich ein Rückkehrer aus dem Heiligen Land, der Normannenkönig Bohemund, mit Papst Paschalis II. und legte ihm dar, wer der wirkliche Feind sei: Byzanz. Der Papst gab postwendend die Weisung aus, einen Kreuzzug gegen Byzanz zu predigen: Dies war der frühe Wendepunkt in der Geschichte der Kreuzzüge.

Die folgenden Kreuzzüge entwickelten sich zu einer seltsamen Mischung aus Religion, Politik und Geschäft mit dem Hauptziel der Zerstörung des großen Glaubensfeindes Byzanz. Der Islam wurde nur am Rande wahrgenommen. Die Einnahme Byzanz' gelang schließlich im April 1204 mit Hilfe der venezischen Flotte. Die Vernichtung des Byzantinischen Reiches war die Grundlage für den Aufstieg der Osmanen, und wenn die Kreuzzüge darüber hinaus einen Effekt hatten, dann war es ein einigender Effekt für die Muslime, die nach Morozow damit überhaupt erst ihre Identität fanden.

Auch die Kreuzzüge sind als Erklärung des Niedergangs der arabischen Reiche vollkommen untauglich. Das Phänomen des Niedergangs zeigt sich überall in den einst blühenden Ländern Syrien, Ägypten, Irak, Nordafrika. Alle diese Länder waren einst reiche römische Provinzen, noch Jahrhunderte später Kornkammern und Kulturträger der damaligen Welt.

Es gibt keine äußeren Einflüsse, die eine vernünftige Erklärung für den arabischen *crash* bieten würden. Die Erklärung liegt im Inneren.

Obwohl der Islam als Spross des Christentums in den arabischen Kernländern des heutigen Irak und Syrien entstanden war, dominierten schließlich wüstenarabische Einflüsse die Religion. Innerarabische Beduinentraditionen überwölbten bald die hellenistische Lebenswelt und mit ihnen kamen auch die Gesetze der Wüste zur Geltung. Und längst überwunden geglaubte bronzezeitliche Traditionen.

Europäische Reisende berichteten immer wieder erstaunt von der Beobachtung, dass das Rad im Orient nicht im Gebrauch war – im antiken Arabien eine Selbstverständlichkeit. Kaum Wagen, kaum Karren, fast nur Lasttiere. Tatsächlich hat mit dem Einzug der Wüstenkultur in die reichen Agrarländer

---

[99] Die Juden waren das hauptsächliche Ziel der Blutbäder, von denen berichtet wird.

zwischen Tigris und Nil auch das Kamel Einzug gehalten und einen zentralen Stellenwert bekommen.[100] Dies blieb so bis zur Einführung von Autos und Eisenbahnen – zur Gänze westliche Ingenieurleistungen. Man kann den Einbruch ermessen, den allein dieser Rückschritt im Transportwesen bewirkt haben muss. Das antike Straßennetz verfiel, die großzügigen Kolonnaden und breiten Straßen der antiken Städte verengten sich so weit, dass, im Einklang mit der islamischen Rechtsprechung, gerade noch zwei Packtiere nebeneinander Platz hatten. Aus der großzügigen griechischen Stadt, der *polis,* ist die *medina* geworden.

Mit der Etablierung des Koran folgte auf dem Fuß die Unterdrückung anderer Bücher, eine Unterdrückung, die sehr bald in ein totales Verbot mündete. Während Mamun noch die antiken Schriften erst nach der Übersetzung ins Arabische vernichten ließ, wurde von späteren Nachfolgern alles Nichtislamische rigoros ausgemerzt. Die kolportierte Toleranz ist reine Legende. Über Jahrhunderte hinweg war die Eliminierung von nicht islamischem Gedankengut und abweichender Kultur wesentlicher Teil der Politik, namentlich in Indien wurden Kulturgüter von unvorstellbarem Ausmaß vernichtet. Aber auch von den Arbeiten der arabischen Autoren selber gelangten letztlich nur Bruchstücke nach Europa, die trotzdem noch für eine Teilhabe an der europäischen Renaissance ausreichten.

Lange Zeit stand auf das Lesen nicht-islamischer Bücher die Todesstrafe, im günstigsten Fall war der Besitz anderer Bücher verachtet. Der Koran sei Gottes direktes Wort und enthalte Antworten auf alle Fragen in Perfektion. Sämtliches weitere Wissen sei deshalb überflüssig, schädlich und gotteslästerlich. Es gab folglich ein Aussterben von Wissen ohne neuen Zufluss, die islamische Welt stand von nun an geistig still.

Nicht muslimische Untertanen, die „Ungläubigen", wurden zu Bürgern zweiter Klasse. Sofern sie nicht zwangskonvertiert wurden, mussten sie horrende Sondersteuern zahlen, die nur den Ausweg in Konvertierung oder Abwanderung ließen, zumal ihnen auch viele Berufe verwehrt waren, die nur Muslimen offenstanden.

Diese wüstenspezifische Ideologie, mit ihrer Verachtung von andersartiger Kultur und Wissen, hatte nicht nur Eingang in die koranische Lehre gefunden, sondern wurde zu ihrem Wesen. Sie brachte innerhalb weniger Generationen

[100] 3 000 Jahre lang war das Kamel der Inbegriff von Reichtum für die Wüstenbewohner. Seit 2 Jahrzehnten ist es das Symbol für Armut, abgelöst von Pick-ups aus asiatischer Produktion.

Wissen und Fortschritt vollkommen zum Erliegen; produktives Gewerbe und sogar die Landwirtschaft waren schwerstens beeinträchtigt. Das Einzige, was blieb, war der Handel.

Wo sind die landwirtschaftlichen Nutzflächen des Irak, Syriens, Nordafrikas, die die halbe damalige Welt versorgten? Wo ist die babylonische, assyrische, antike bäuerliche Blüte des römisch-griechisch-arabischen Orients geblieben? Es war kein Klimawandel, der diese vollkommene Änderung brachte – es war die Wüstenmentalität der neuen Religion.[101] Sobald die vorhandene Infrastruktur aufgebraucht war, trat die kulturelle und wirtschaftliche Starre ein.

Äußerlich drückt sich das auch in der Architektur der Moscheen aus: Es gibt keine originale islamische Architektur von Moscheen, weil sämtliche Moscheen bis ins 9. Jahrhundert Kirchen gewesen waren. Diese ehemaligen Kirchen und spätere Nachbauten davon repräsentieren römisch-byzantinischen Stil, einschließlich der Mosaikarbeiten. Der Felsendom in Jerusalem? Ein symbolisches Oktogon auf antiken Säulen mit einer römischen Kuppel obendrauf. Der „maurische Stil" in Spanien? Antike Säulen mit antiken Kapitälen, darauf die rot-ocker oder rot-schwarz ausgeführten Bogen und darüber die römische Kuppel. Das ist byzantinisch-syrische Kirchenarchitektur in Reinkultur.

Wie viele Moscheen überall auf der Welt sind eine Replik der Kirche der Heiligen Sophia in Istanbul? Man betrachte dort die großen Moscheen in ihrer Umgebung: ohne Ausnahme Nachbauten des Originals. Offensichtlich war man erst im 16. Jahrhundert wieder in der Lage, Bauten solcher Größe auszuführen (und man brauchte einen konvertierten Ungläubigen dazu: den griechischstämmigen Baumeister Sinan). Das Grundmuster der allermeisten, über lokalen, dörflichen Charakter hinausgehenden Moscheen bis auf den heutigen Tag ist die byzantinisch-syrische Kirche. Ausschmückungen späterer Zeit folgten den Stilen Europas: Renaissance, Barock, Rokoko, in Istanbul gibt es sogar eine gothische Moschee – auch nicht gerade Ausdruck eigenständiger islamischer Architektur. Nur die Minarette sind, wenn auch wohl basierend auf der babylonischen Zikkurat, eigenständig: Die Botschaft soll alles andere übertönen. Ausrufer damals, allgegenwärtige Lautsprecher heute.

---

[101] Die Tabuisierung von Schweinefleisch hat wohl keine rationalen Gründe, sondern ist eher im ideologischen Komplex einer Nomadenkultur gegenüber der verachteten Bauernkultur zu sehen.

Nichts verdeutlicht die islamische Rückwendung mehr als die Zeitrechnung. 622, „das Jahr der Araber“, *kata Arabos*, wie es in der Inschrift von Gadara mit dem Kreuz als Einleitung heißt. Es war das Jahr, in dem die Selbstständigkeit der Araber begann. Dieses Jahr wurde als Beginn einer arabischen Zeitrechnung festgesetzt, sie folgte natürlich dem gebräuchlichen Sonnenkalender. Plötzlich finden wir dieses Datum zum Jahr der *Hijra*, dem Auszug des Propheten aus Mekka, umfunktioniert! Es war der willkürlich festgesetzte Beginn eines islamischen Kalenders, in der bronzezeitlichen Tradition Innerarabiens ein Mondkalender. So kam die Mondgöttin Allat wieder zu ihrer angestammten Zeitrechnung.

Ein gänzlich unbrauchbarer Kalender. Wer zum Beispiel im Juni geboren ist, feiert seinen nächsten Geburtstag im Mai, den nächsten im April und so fort, die Differenz summiert sich schließlich zu Jahren. Muhamads Geburtstag oder der Fastenmonat Ramadan wird denn auch jedes Jahr zu einer anderen Zeit begangen. Weil mit einem Mondkalender wiederkehrende Termine nicht definierbar sind und er daher für entwickelte Staatswesen unbrauchbar ist, war er schon in römischer Zeit aufgegeben worden.[102] Die Muslime haben ihn nun wieder, obwohl auch sie keine andere Wahl haben, als im Alltag den gängigen Sonnenkalender zu benutzen, oft als „christlicher Kalender“ verteufelt.

Das größte islamische Reich war das der Osmanen. Gegründet 1299, weitete es sich ständig aus, 1453 wurde Konstantinopel eingenommen. Im weiteren Verlauf eroberten die Osmanen die gesamte arabische Halbinsel, Teile Russlands, den Balkan, Rumänien, Ungarn und standen schließlich zweimal vor Wien. 1683 wurden sie dort geschlagen, und von da an ging es nur noch bergab. Die Habsburger eroberten fast den gesamten Balkan zurück, die Russen nahmen den Osmanen sämtliche Gebiete jenseits des Schwarzen Meeres wieder ab, Jemen und ganz Arabien gingen verloren. 1918 war „der kranke Mann am Bosporus“ auf sein Kerngebiet, die heutige Türkei, zurückgeschrumpft.

Wie konnte es zu einem so vollkommenen Kollaps kommen? Ein Grund war die Überdehnung der Kräfte. Die wirklichen Gründe wurzeln wiederum tiefer.

Militär und Wirtschaft waren der technischen Entwicklung der Europäer nicht mehr gewachsen. Man kaufte zwar kräftig Kanonen, Musketen und die

---

102 Unter Julius Cäsar wurde der „Julianische Kalender“ eingeführt, der 1582 unter Papst Gregor XIII. geringfügig modifiziert bis heute als „Gregorianischer Kalender“ gebräuchlich ist.

begehrten Uhren bei den Ungläubigen ein, eine eigene Produktion kam aber nur zeitverzögert zustande, meist als Kopien auf dem Standard des jeweils vergangenen Jahrhunderts. Dies war der Fall auf jedem beliebigen Gebiet in Wirtschaft, Wissenschaft und Technik.

Reisen fanden damals stets von West nach Ost statt, so gut wie nie in die andere Richtung.

Europäer bereisten den Orient, Muslime aber so gut wie nie Europa. Die islamische Welt interessierte sich nicht im Geringsten für das Abendland, man wusste buchstäblich nicht viel mehr darüber, als dass dort Ungläubige lebten.

Die Renaissance, die neuen Staatsideen, die wissenschaftlichen Fortschritte, das neue Bild der Erde und des Himmels blieben in der islamischen Welt vollkommen unbeachtet. Die Erde ist laut Koran wie ein ausgebreiteter Teppich beschaffen, mit sieben Himmelsschichten darüber. An diesem Bild hat sich bis heute, in Zeiten von Google Earth, offiziell nichts geändert.

Die Französische Revolution fand nur am Rande deshalb Interesse, weil man hoffte, sie würde der Christenheit insgesamt Schaden zufügen. Als Gesandte vor der allgemeinen Gefährlichkeit der revolutionären Ideen warnten, die womöglich noch schlimmer seien als die Lehre der Ungläubigen selber, wurde sie, außer in den europäischen Randgebieten des Reiches, vollkommen ignoriert.

Der vermittelnde Handel zwischen Asien und Europa war eine ergiebige Einkommensquelle der islamischen Länder – und bald auch die einzige. Die Entdeckung Amerikas, der Seeweg um das Kap der Guten Hoffnung, der Vorstoß bis Ostasien blieben in der Folgezeit nahezu unbeachtet und waren keines Kommentares würdig außer dem, dass die neu entdeckten Menschen bald zum richtigen Glauben finden mögen. Die einzig erhaltene Kopie der Karte des Kolumbus befand sich zwar in osmanischem Besitz, bis zur Entdeckung 1920 im Topkapi-Palast in Istanbul wusste jedoch niemand von ihrer Existenz.

Diese Jahrhunderte währende Arroganz und das schon sehr lange nicht mehr berechtigte Gefühl der Überlegenheit rächten sich bald bitter. Denn ohne dass es in Konstantinopel und der islamischen Welt überhaupt registriert wurde, hatten die Europäer eigene Handelswege zur See erschlossen: in die neue Welt, aber auch nach Süd- und Ostasien. Das Handelsmonopol der islamischen Welt als Schnittstelle zwischen Europa und Asien war damit zusammengebrochen. Mit ungeheuren Folgen.

Das lässt sich an einer simplen Tasse Kaffee veranschaulichen. Der Kaffee, ursprünglich aus Äthiopien stammend, wurde im Jemen kultiviert und fand über Arabien und die Türkei seinen Weg nach Europa. Man versüßte sich den Kaffee mit Zucker aus Mesopotamien oder Ägypten, den man ebenfalls nach Europa exportierte. Als nun die Europäer beides billiger aus Lateinamerika bezogen, drehte sich der Spieß um. In der Folge tranken Araber wie Türken aus Europa importierten Übersee-Kaffee und süßten ihn mit ebenfalls importiertem Zucker. Nur das Wasser war noch ihres, und das ist heutzutage auch nur noch bedingt so.

So ging es auf allen Gebieten.

Es gab zwar warnende Stimmen von den wenigen Muslimen, die Europa kannten – vorwiegend Diplomaten –, aber sie fanden kein Gehör. Als Heilmittel für die Überwindung der durchaus erkannten Schwächen wurde die Rückkehr zu den alten osmanischen und islamischen Werten betrachtet.

Auch die wenigen Versuche, europäische Technologie in die islamische Welt zu verpflanzen, etwa vom ägyptischen Khediven Muhamad Ali Anfang des 19. Jahrhunderts, schlugen fehl, weil man sich damals wie heute auf Konsum und Reproduktion beschränkte und wenig bis nichts originär produzierte.

Trotzdem fühlte sich die islamische Welt immer noch weit überlegen und weigerte sich, das Wissen der verachteten Ungläubigen auch nur zu begutachten. Der Buchdruck fand mit sage und schreibe 300 Jahren Verspätung Eingang in die islamische Welt, und das auch nur äußerst zögerlich. Und es war ein Europäer, der die erste Druckerpresse in der islamischen Welt quasi mit Gewalt installierte – nämlich Napoleon. Diesen Rückstand konnten die muslimischen Länder bis heute nicht aufholen, wie der *Arab Human Development Report* deutlich macht.

Grund dieser selbstzerstörerischen Bildungskatastrophe ist der Islam. Sein Heiliges Buch, heißt es, umfasse und regele sämtliche Aspekte des menschlichen Lebens, es stamme, vom Propheten vermittelt, direkt von Gott, ihm sei nichts hinzuzufügen, nicht ein Wort sei veränderbar. Der Besitz von anderen Büchern als dem Koran war meist verboten, zu jeder Zeit war der Gebrauch nicht religiöser Bücher gering geschätzt und wird bis auf den heutigen Tag im kollektiven Unbewussten von vielen als zumindest entbehrlich betrachtet. Der Stundenplan saudischer Medizinstudenten muss heute noch zu 30 % Religion umfassen, in anderen Studienzweigen sind es gar 50 %.

Diese Einstellung hat Auswirkungen ungeheuren Ausmaßes auf die muslimische Welt. Denn sie behindert Wissen und damit Entwicklung. Aber der Koran beansprucht, auch sämtliche Lebensbereiche wie Recht, Herrschaft, Bildung zu regeln – und zwar so, wie sie in idealer Weise zu Lebzeiten des Propheten bestanden hätten. Deshalb ist das islamische Denken und System normativ auf die Zeiten des Propheten und seiner Nachfolger fixiert. Als ob es eine 1 400-jährige Geschichte von damals bis heute nicht gegeben hätte.

Eine gravierende technische Barriere der Wissensvermittlung ist die arabische Sprache und Schrift. Das „Arabisch" gibt es nicht. Es gibt arabische Umgangssprachen, und es gibt ein allgemein verbindliches Hocharabisch, die *Arabiya*, das jedoch vom Volk auf der Straße nur unvollkommen verstanden wird. Es ist eine formale Sprache, die sich, weil im täglichen Umgang nicht benutzt, den sich ständig ändernden Ansprüchen einer lebendigen Sprache nicht angepasst hat. Moderne Sachverhalte und Themen lassen sich in Hocharabisch nicht ausdrücken.

Geschrieben wird aber nur in Hocharabisch – mit dem katastrophalen Ergebnis, das der AHDR beklagt. Die arabische Hochsprache und Schrift sind für die Muslime Sprache und Schrift ihres Heiligen Buches. Sie sind daher nichts Umgangssprachliches, nichts Profanes, sondern immer auch etwas Sakrales.

Dies ist ein Konzept, das in der modernen Welt nicht funktioniert. Sprache und Schrift müssen für alle Staatsbürger und für alle Bereiche zugänglich sein, um ihre Funktion als Wissensvermittler zu erfüllen. Der AHDR macht explizit auf diese Schwierigkeit aufmerksam, scheut sich aber, die Konsequenz zu nennen, die nur die zumindest teilweise Abschaffung der arabischen Schrift sein kann. Wohl noch für längere Zeit eine Utopie (man nennt ja die lateinische Schrift die „englische") und ein Schritt, den bislang nur die Türkei und, kein Wunder, die ehemaligen islamischen Sowjetrepubliken geschafft haben.

Ein islamischer Staat muss ein Gottesstaat sein, sonst ist er per definitionem keiner. Dies kann natürlich keine Republik sein, wie sich etwa der Iran absurderweise nennt, denn Gewaltenteilung, eine der wichtigsten Voraussetzungen dafür, gibt es nicht. Alle Macht geht vom Koran, von Gott aus, das heißt, sie wird in Stellvertretung vom Klerus ausgeübt. Eine zivile Gesellschaft gibt es deshalb nicht, es gibt nur die Gemeinschaft der Gläubigen *(Umma)*, die im „Haus des Islam" *(Beit Islam)* lebt. Für Ungläubige ist in diesem Haus nur bestenfalls als geduldete Domestiken Platz *(Dhimmi)*, sie rangieren gleich hinter den im Koran ausdrücklich vorgesehenen Sklaven. Nur Frauen haben noch weniger Rechte als diese beiden Gruppen (die ja durch Konvertierung ihr Schicksal ändern könnten).

Kontrolle und Gesetzgebung üben die Korangelehrten *(Ulema)* aus, über allem steht der Kalif. Dieser untersteht keinerlei Kontrolle, außer der Allahs, er kann nach Gutdünken schalten und walten, solange er sich nur auf der Basis des Koran bewegt. Der islamische Kulturkreis ist deshalb perfekter Nährboden für alle Arten von Despoten bis auf den heutigen Tag. Denn sie sind vom traditionellen Selbstverständnis her ihrem Staatsvolk keinerlei Rechenschaft schuldig, ausgenommen der, den Regeln des Koran zu folgen (oder es zumindest zu behaupten).

Es kann deshalb auch kein ziviles Recht geben, sondern nur religiöses, abgeleitet aus dem Koran. Das ist die *Scharia*. Sie ist aber keineswegs ein Rechtssystem in unserem Verständnis, sondern im Wesentlichen nur das Gebot, dass Rechtsfindung ausschließlich auf der Basis der Religion und ihrer Bücher zu geschehen habe. Um der Scharia Geltung zu verschaffen, braucht man, wie in den meisten islamischen Ländern geschehen, keineswegs das bestehende Gesetzeswerk zu ändern, es genügt der Zusatz, ein Rechtsspruch darf nicht dem Koran bzw. den Hadithen zuwiderlaufen.

Das bedeutet in der Praxis, dass in einem Rechtsstreit wohl nach den bestehenden zivilen Gesetzen geurteilt werden kann. Die unterlegene Partei kann jedoch den Spruch durch einen Koranverweis wieder aus den Angeln heben – juristische Endinstanz ist letztlich die Moschee.

In jüngerer Zeit haben sich neben den zivilen Kammern Scharia-Gerichte etabliert, das heißt, es gibt zwei parallele Instanzen, was zu einer völligen Unübersichtlichkeit im Rechtssystem geführt hat. In Malaysia wehrte sich der indische und chinesische Bevölkerungsteil gegen eine Behandlung nach der Scharia. Die Folge davon ist, dass es je nach Bevölkerungsanteil eine regional unterschiedliche Rechtssprechung gibt. In den islamischen Ländern gibt es deshalb keinerlei Rechtssicherheit.

Dies zieht sich so weit, dass unter anderen der Iran bei internationalen Vertragswerken, etwa bei den UN-Menschenrechten, die Standardeinschränkung der Scharia-Kompatibilität anfügte.

Ein besonderes Problem der Scharia ist ihre Ableitung juristischer Fälle aus den Hadithen, den gesammelten Taten und Sprüchen, auch Urteilssprüchen, des Propheten. Man glaubt sich so der Quelle der Gerechtigkeit nahe zu sein, ignoriert aber die komplett obskure Quellenlage der Hadithe und die Zeitdistanz zu den damaligen Verhältnissen.

All das Genannte ist in Summe nichts anderes als das Konzept einer Wüstengesellschaft vor 1 400 Jahren – und just nach diesem Konzept will man die Gegenwart bewältigen und eine Zukunft schaffen. Dies ist im Prinzip auch noch (oder: heute wieder) die Situation der meisten islamischen Länder. Der Kalif mag sich heute Präsident nennen – ob er gewählt ist, ob er die Wahlen fingiert gewonnen hat oder ob er sich hochgeputscht hat, spielt kaum eine Rolle, solange er zumindest nach außen hin ein gläubiger Staatslenker im Sinne des Koran ist. Das Wort „Freiheit" im Koranarabischen bezeichnet denn auch keine bürgerliche Freiheit, sondern bedeutet lediglich das Gegenteil von Sklaventum. Daher fehlt bei den allermeisten Muslimen das Grundverständnis für eine freie Staatsordnung, von Demokratie überhaupt nicht zu sprechen. Demokratie widerspricht angeblich den Lehren des Koran, eine demokratische Einstellung ist daher unislamisch.

Die Wissensfeindlichkeit und das Beharren auf mittelalterlichen Konzepten, beides, wenn auch nicht im Koran, so doch in der Mainstream-Lehre festgeschrieben, sind die Bleigewichte an den Füßen der Muslime, die nach unten zerren und sie so gründlich an einem Weiterkommen gehindert haben.

Allenthalben werden dieser Tage vermehrt Koranstellen propagiert, die das Streben nach Wissen fordern. Nur handelt es sich dabei um angeblich korankonformes, also erlaubtes Wissen. Biologie zum Beispiel ist nicht dabei. Folgerichtig beantragten Muslime in Deutschland und anderswo, ihre Kinder vom Biologieunterricht zu befreien. Unisono lehnt deshalb die islamische Welt auch die Evolution ab, in Medien gewöhnlich mit dem Hinweis versehen, dass diese schon längst wissenschaftlich widerlegt sei. Eine Präzisierung der Behauptung wird allerdings nirgendwo nachgereicht. Wie auch – die Beschäftigung damit ist je nach Land geächtet bis verboten.

Die Türkei war bis in die 1920er Jahre ein islamischer Staat wie jeder andere der Region auch. Heute rangiert sie in den meisten Bereichen weit vor allen anderen islamischen Staaten, und das ohne Öl. Schon Mitte des 19. Jahrhunderts begann sich im osmanischen Reich eine oppositionelle Bewegung zu formieren, die „Jungtürken", die grundsätzliche Reformen forderten. Die Bewegung gipfelte in Kemal Pascha. Er erkannte im Islam die Ursache für die Verkommenheit und Rückständigkeit seines Landes. 1924 schaffte er das Sultanat ab, hob die Scharia auf, entzog dem islamischen Klerus alle Privilegien und ließ die Koranschulen schließen. Er übernahm das System der Staatsorganisation, der Verwaltung, der Verfassung und des Rechts von verschiedenen europäischen Staaten und formte einen organisatorisch modernen Staat. Der Kernpunkt seiner Reformen war die Trennung von Religion und Staat, diese unselige, in allen islamischen Ländern verankerte Einheit. Um äußere Zeichen zu setzen, ging er dabei so weit, dass er die Verschleierung von Mädchen in Schulen und Universitäten – allein ihr Zugang war schon ein Novum – strikt untersagte. Männern verbot er den kulturtypischen Turban. Er führte sein Land aus der tiefsten Rückständigkeit in die Moderne, er trägt seinen Beinamen Atatürk, „Vater der Türken", zu Recht.

Ein wenig beachteter, aber wesentlicher Punkt war dabei die Ersetzung der arabischen Schrift durch die lateinische. An die Stelle der osmanisch-muslimischen Identität setzte Atatürk einen türkischen Nationalismus, der bisweilen über die Ziele hinausschoss. Dennoch, die Türkei vollzog durch die Reformen Atatürks einen Quantensprung in ihrer Entwicklung, ist aber durch die Aufweichung laizistischer Grundsätze unter der Regierung Erdogan dabei, diese wieder aufs Spiel zu setzen.

Es wurde in den islamischen Staaten immer wieder die Frage aufgeworfen, warum nach so einer glorreichen Vergangenheit, den „Goldenen Zeiten des Islam", der Abstand zu den meisten Teilen der Welt so groß geworden war. In fast allen Belangen nimmt die arabisch-islamische Welt eine Position ganz hinten ein, wie auch der AHDR konstatierte.

„Wer hat uns das angetan?"

Die Antwort war und ist, wie gesagt, stets gleichlautend, „die Franken, der Westen, die USA …"

Aber, und das ist der zweite Teil der Antwort: „Das konnte nur geschehen, weil wir uns vom ursprünglichen Islam entfernt haben. Alles wird gut, wenn wir nur die Verhältnisse der ‚Goldenen Jahre' wiederherstellen." Das drückt so die *salafiyya* aus, die wieder modern gewordene Grundhaltung großer Teile der islamischen Welt: ein idealisierter Blick zurück in eine nicht existierende Vergangenheit.

Sayyid Qutb war ein ägyptischer Moslembruder, 1966 unter Nasser hingerichtet. Er analysierte oft scharf und richtig, zog aber traditionsgemäß die falschen Schlüsse. So klar wie kein anderer moderner islamischer Theoretiker forderte er die Rückkehr zur *salafiyya*, zum buchstabengetreuen Befolgen des Koran als Patentlösung für alle Probleme dieser Welt, und setzte noch eins drauf: Der koranische Inhalt dürfe nicht einmal überdacht, geschweige denn diskutiert werden. Die Muslime lebten in einer zeitlosen Welt, ein Vergleich mit anderen Kulturen sei deshalb weder möglich noch statthaft. Zeitlos deshalb, weil zur Zeit des Propheten und der Kalifen die ideale Gesellschaft bestanden habe, und diese müsse wiederhergestellt werden. Geschichte sei eine europäische Erfindung, sie finde für den Islam nicht statt. Das heißt, Qutb und seine Anhänger wollen soziale Verhältnisse, wie sie vor 1 400 Jahren in einem nomadischen Wüstenumfeld herrschten, wieder etablieren.

Für Qutb ist es „eine unbestrittene Tatsache“, dass die moderne Zivilation auf dem tradierten *islamischen* Wissen[103] basiert, das wiederum aus dem buchstabengetreuem Befolgen des Koran resultiere. Aus dem grundsätzlichen Nichtverstehen des übernommenen Wissens in Europa „resultierte die fluchbeladene Trennung von Religion und zivilisatorischer Renaissance“[104].

Qutb, dieser Prototyp des rückwärtsgewandten Ideologen, tat nichts weniger als Denken, Wissen, die Ratio abzuschaffen, ja sogar zu verbieten. Al-Ghazali lässt grüßen. Qutb tat dies deshalb, weil er genau wusste – das darf man ihm bei seiner intellektuellen Potenz unterstellen –, dass der Islam traditioneller Ausprägung der modernen Welt geistig, philosophisch und intellektuell nichts entgegenzusetzen hat. Also müssen Vergleiche als unstatthaft hingestellt und geschichtliche Prozesse als Erfindung bezeichnet werden.

Schuld an dem von ihm durchaus konstatierten miserablen Zustand der islamischen Welt seien ausländische Mächte: Europa, Amerika, die Sowjetunion, Israel, wie gehabt. Das einzige Heilmittel sei die wörtliche Befolgung des Koran.

Wohlgemerkt, die *salafiyya* ist eine moderne Bewegung, und Qutb ist nicht irgendwer. Es wäre nun falsch zu behaupten, die Mehrheit der Muslime wären Qutbisten, also Radikale. Aber nichtsdestoweniger repräsentiert sein Gedankengut eine bedeutende Strömung in der islamischen Welt.

Ziehvater Sayyid Qutbs war der Pakistaner al-Maududi (1903–1979), der durch seine Predigten und Publikationen wie kein anderer das Chaos in sei-

---

103 Wir erinnern uns: Bei dem tradierten Wissen handelte es sich in seiner großen Masse um heilkundliche, naturwissenschaftliche und philosophische Schriften, die sich immer an die antiken Autoren anlehnten, sofern es sich nicht gleich um reine Übersetzungen derer Werke handelte. Wer hat da etwas nicht verstanden?

104 Zitiert nach Tibi, „Islamischer Fundamentalismus“, Frankfurt 1992.

nem Land zu verantworten hat, weil er mehr Einfluss auf die Volksseele besaß als jeder Präsident der abgehobenen Politikerkaste.

Der Weg von Qutb führt direkt zu bin Laden.

Unter dem Druck der Verfolgung unter Nasser emigrierten zahlreiche Moslembrüder aus Ägypten nach Saudi Arabien, nach seiner Freilassung 1972 auch Mohammed Qutb, der Bruder Sayyids. Sie trafen dort auf ein saudisch-wahhabitisches System.

Der Sektengründer Abdel Wahhab (1703–1791) hatte einen Vertrag mit dem Clan der Al Sauds geschlossen, demzufoge die wahhabitische *Ulema* (Geistlichkeit) die Sauds unterstützen würde, umgekehrt würden diese die wahhabitische Koranauslegung als einzig Gültige vertreten.

Die Sauds gewannen im Laufe der Zeit so vollkommen die Macht, dass das Land sogar den Namen ihrer Familie bekam, damit verbunden wurde auch der Wahhabismus zur alles dominierenden Strömung. Es ergab sich so eine enge Verquickung zwischen den Interessen des Königshauses und denen der wahhabitischen Ulema, aber auch eine starke Unzufriedenheit bei Leuten, die weder den einen noch den anderen verbunden waren. Diese fanden einen neuen Hafen bei den zugewanderten Moslembrüdern, die einen noch radikaleren Islam im Sinne Sayyid Qutbs propagierten.

1979 erschütterte ein Ereignis das Königreich: Die Erstürmung der Moschee in Mekka durch eine ultrareligiöse, salafistische Gruppe, die sowohl das Königshaus als auch die wahhabitische Ulema treffen wollte. In dasselbe Jahr fiel die iranische Revolution und die Invasion der Roten Armee in Afghanistan. In Saudi-Arabien setzte infolge dieser Vorgänge ein Konkurrenzkampf zwischen den Wahhabiten und Qutbisten ein, die sich an Radikalität gegenseitig überboten.

Dann kam der Megaschock für das Königreich: Am 2. August 1990 besetzte Saddam Hussein Kuweit. Niemand erwartete, dass sich Saddam mit Kuweit zufriedengeben würde, und in Saudi-Arabien brach helle Panik aus. Bereits am 7. August rief König Fahd die USA zu Hilfe mit der Absicht, ihre ungläubigen Soldaten auf der heiligen Erde zu stationieren. Dies führte zu einer ungeheueren inneren Zerreißprobe. Das Königshaus hatte keine Alternative, um zu überleben, aber mit dem Abgang der Dynastie Saud wäre es mit dem staatstragenden Einfluss der Wahhabiten ebenfalls zu Ende gewesen. Die Ulema stimmte deshalb der Stationierung fremder Truppen zu, ließ sich diese Zustimmung allerdings mit Milliarden von Petrodollars vergolden, die in eine beispiellose, weltweite Missionierung flossen. Die jungen radikalen Salafisten waren damit zwar nicht zufrieden zu stellen, aber es ergab sich eine andere Lösung für sie: In Afghanistan hatte sich eine Dschihadisten-Szene entwickelt, und dorthin wurden die radikalen Glaubenskämpfer weggelobt, versehen mit vielen Millionen Dollars als Startkapital. Dies war nichts anderes als der Export der internen Probleme Saudi-Arabiens nach Afghanistan.

Einer der Exportierten – denen dann umgehend die saudische Staatsangehörigkeit entzogen wurde – war Bin Laden. Er und seine ägyptischen Chefideologen hatten sehr wohl verstanden, in welcher Lage sich die islamische Welt befindet, was man von der *Umma*, der Gemeinschaft der Gläubigen, nicht behaupten kann. Bin Laden wählte die bewaffnete Variante, weil er sich in der Position des Verteidigers der Religion sah: Der Westen, besonders die USA, sind schuld an der islamischen Misere.

Wiederum, die richtige Einsicht, die falschen Schlüsse.

Sayyid Qutb (links) und Mahmud Muhammad Taha.

Wer hat ihnen das alles angetan?
Sie selber. Der tiefste Grund ist die historische Ablehnung von Wissen. Von früh an wurde verbogen, verboten, gefälscht, ausgegrenzt, bestraft. Diese Scheu vor Wissen, ja oft seine Kriminalisierung, wurde Teil des Systems. Kritik wurde zu persönlicher Beleidigung, zu Gotteslästerung und Verbrechen. Ein Teufelskreis, der nur durch Erwerb und Anwendung von Wissen innerhalb der Religionsgemeinschaft selber zu durchbrechen ist.

Richtiggestellt kann die Eingangsfrage als Erkenntnis also nur lauten: „Was hat uns der Islam angetan!"

Es steht gar nicht gut um die islamische Welt.[105] Aber es gibt Lichtblicke. Einer ist der Zusammenschluss kleiner Emirate am Persischen Golf, die „Vereinigten Arabischen Emirate": Auf noch gar nicht so alten Karten als „Piratenküste" verzeichnet, trifft sich dort heute die Welt. Völlig unbedeutend, am Rande der arabischen Halbinsel gelegen, mit vergleichsweise bescheidenen Ölvorkommen ausgestattet, startete Sheik Maktoum Rashid bin Maktoum (1943–2006) ein orientalisches Märchen. 1971 entstanden die Emirate aus dem Zusammenschluss von Dubai und Abu Dhabi, später kamen weitere Scheichtümer hinzu. Diese Miniländer nahmen eine bewusste Entwicklung in Richtung Moderne in Angriff.

Man holte zu diesem Zweck ausländische Spezialisten, die ein Land auf dem Reißbrett projektierten. Günstige Zollbedingungen machten aus der bescheidenen Wüstenstadt Dubai bald ein beliebtes Einkaufsparadies, und günstige Investitionsbedingungen sorgten dafür, dass praktisch jede namhafte Firma der Welt hier eine Filiale gründete. Dies schuf Arbeitsplätze, Menschen aller Herren Länder haben sich inzwischen dort niedergelassen, mit Nachkommen bereits in der zweiten Generation: ein Gemisch an Kulturen, Farben, Sprachen und Religionen. Moscheen stehen neben Kirchen aller Konfessionen, Tempeln und Pagoden.

So muss Bagdad zu seiner arabischen Blütezeit ausgesehen haben!

[105] Die vielzitierte, angeblich gewaltige Expansion des Islam ist nicht viel mehr als das Abbild der Bevölkerungsexplosion in den Entwicklungsländern und die Wirtschaftsmigration in entwickelte Länder. Ein ideologischer Transfer hat nicht einmal im Ansatz stattgefunden.

Aber genauso wie das alte Bagdad sind auch die Emirate eine arabische und keine islamische Erfolgsgeschichte. Gerade ihre Säkularität ist die Grundlage ihrer Blüte.

Für die arabische Welt haben die Emirate ungeheure Anziehungskraft. Saudis strömen für ihre – oft wenig islamischen – Aktivitäten über die Grenze, die zähen und verlässlichen Jemeniten stellen einen Großteil des Polizeikorps, Libanesen sind in der Gastronomie erfolgreich, Palästinenser, Jordanier, Ägypter in der Geschäftswelt. Dazu kommen Nichtaraber fast sämtlicher Nationen.

Alle Araber beneiden die Emirate und stellen sie ihren Regierungen gegenüber als Beispiel hin, als Messlatte, an der sie sich beweisen müssen.

Katar hat den ersten Schritt in dieselbe Richtung getan. Es begann 2007 mit der unscheinbaren Meldung, dass dort eine Kirche gebaut werde. Das Land hat den Ehrgeiz, sich als internationales Wissenschaftszentrum zu etablieren, und unternimmt große Anstrengungen dafür. Das ist schlichtweg eine atemberaubende Entwicklung.

Es ist nun beileibe nicht alles Gold, was in den Emiraten glänzt, man muss abwarten, wie sie sich in schwereren Zeiten bewähren werden. Und man sollte an den Libanon denken, der von einem arabischen Musterländle in ein Chaos gestürzt ist. Man sollte aber auch nicht ständig auf die im Überschwang produzierten Übertreibungen starren und diese hämisch kommentieren. In Wirklichkeit sind diese islamischen Herrscher aus dem letzten Winkel Arabiens über ihren eigenen Schatten gesprungen. Ein Prozess von wahrhaft historischen Dimensionen.

Der zweite Hoffnungsschimmer für die muslimische Welt ist weniger spektakulär, womöglich aber noch hoffnungsträchtiger: Es ist die Diaspora.

So gut wie alle Muslime lebten traditionell in einem Land, in dem sie die Mehrheit stellten und wo ihre Gesetze galten. Heute aber leben viele Muslime in nicht muslimischen Ländern als Minderheit, etwa Türken in Deutschland, Algerier in Frankreich, Pakistaner in England.

Das Leben als Minderheit in einem nicht islamischen Land ist eine relativ neue Erfahrung für Muslime und eigentlich nicht vorgesehen. Es gibt schon seit der Niederlage des spanischen Kalifats Diskussionen unter den Korangelehrten, ob Muslime überhaupt in einem nicht islamischen Land leben dürfen. Die aus dem Koran abgeleitete Antwort ist ein eindeutiges Nein. Ein Muslim darf in einem ungläubigen Land nicht leben, und wenn, dann nur, um ihm zu schaden. Bin Laden antwortete auf die Frage nach den muslimischen Opfern im zusammengestürzten World Trade Center, Gläubige hätten dort nichts zu suchen gehabt. Sie hätten sich entgegen des Geboten des Koran dort aufgehalten und damit ebenfalls den Tod verdient. [106]

Besonders gewarnt wird vor sogenannten toleranten Ländern, denn sie stellten die größte Gefahr für Gläubige dar. Nur im *Dar al-Islam*, dem gemeinsamen Reich der Muslime, ließen sich die Gebote des Koran und der Scharia erfüllen. Wenn ein Muslim in einem nicht islamischen Land leben müsse, dann nur, um für den Islam zu wirken. Dies ist nicht graue Theorie, wie die Erfahrungen seit dem 11. September 2001 zeigen.

Sicher, den durchschnittlichen muslimischen Arbeitnehmer in Europa oder anderswo dürften solche Überlegungen nicht sonderlich beschäftigen. Aber die Forderungen sind bekannt, im Unterbewussten vorhanden und heimliches Gift für eine erfolgreiche Sozialisation, denn sie erzeugen ein latent schlechtes Gewissen. In der Tat tut sich niemand so schwer wie Muslime, sich ihrem jeweiligen Gastland anzupassen.

Der Islam ist eng verwandt mit dem Judentum, er hat die gleichen Wurzeln und stellt ähnlich radikale Anforderungen an seine strenggläubigen Mitglieder. Trotzdem haben sich die Juden immer bestens an ihre Gastländer adaptiert. Der Grund liegt in dem jüdischen Gebot *dina demalkhuta dina*: „Das Gesetz des jeweiligen Landes ist Gesetz."

Jesus drückte es ähnlich aus: „Gebt dem Kaiser, was des Kaisers ist, und Gott, was Gottes ist." Dies bedeutet im Grunde schon die Privatisierung der Religion ganz im Sinne der viel später in Europa aufgekommenen Trennung von Staat und Religion.

Im islamischen Verständnis ist Religion dagegen öffentlich, ihr haben sich sämtliche Lebensbereiche unterzuordnen, das „wirkliche" Recht ist religiöses Recht, eine Trennung von Religion und Staat ist nicht vorgesehen. Deshalb ist der Islam politisch. Und daher ist es für seine Anhänger so schwierig, in einer nicht islamischen Welt zurechtzukommen und diese zu akzeptieren.

Die Muslime, die in einem nicht islamischen Land leben, haben deshalb drei Möglichkeiten:

Die erste ist die Wiederauswanderung in ein islamisches Land. Das würde der koranischen Auslegung entsprechen, hat aber in den meisten Fällen wirtschaftliche Konsequenzen und ist deshalb wenig attraktiv.

[106] Interview in der pakistanischen Zeitung „Dawn", 10.11.2007.

Die zweite Möglichkeit wäre, das Gastland zu bekämpfen. Eine Minderheit hat sich tatsächlich dazu entschlossen. Ein Mehrheitskonzept kann das aber nicht werden, weil diejenigen, die sich zur Bekämpfung entschlossen haben, sich damit ihre Lebensgrundlage entziehen. Für die Mehrheit, die ja aus wirtschaftlichen Überlegungen gekommen ist, sicher kein sinnvolles Konzept.

Was als dritte Möglichkeit bleibt, ist die Integration.

Jeder kann in der freien Welt die Religion ausüben, die er möchte, aber jeder muss als Grundvoraussetzung die Gesetze und Gepflogenheiten des jeweiligen Gastlandes befolgen. Eine Forderung, die das Gastland selbstverständlich erheben darf und erheben muss. Es ist eine Forderung, der sich auf Dauer auch die Muslime nicht entziehen werden können. Weil sie eine Minderheit darstellen, sind sie gezwungen, diese Gesetze zu akzeptieren, was in der Praxis die Privatisierung der Religion bedeutet. Damit ist das ideologische Haupthindernis einer erfolgreichen Sozialisation aus dem Weg geräumt.

Sofern die Diaspora ein westliches Land ist, wird durch den unumgänglichen Schulbesuch gleichzeitig der Bildungsstandard der Muslime ansteigen. Es wird eines Tages nicht mehr befriedigen, den Koran nur zu rezitieren und jahrhundertealte Interpretationen wiederzukäuen. Der selbst erschlossene Inhalt wird in einer wissensorientierten Umgebung in den Vordergrund treten, und über kurz oder lang muss die jeweilige Landessprache auch die Sprache der Religion werden.

Der Islam wird allgemein für nicht reformfähig gehalten. Das mag auf einige klassische Verbreitungsländer zutreffen. In der westlichen Diaspora dagegen steht der Islam unter dem Zwang, sich zu reformieren oder zu einer belächelten oder bekämpften Sekte zu verkommen.

Wie hoffentlich deutlich wurde, haben die historischen Grundlagen des Islam nichts mit der traditionellen Darstellung zu tun. Die islamische Welt selber weiß wenig bis nichts über ihre eigenen historischen Wurzeln, kann sich aber dem fortschreitenden Wissen auf Dauer nicht entziehen. Dies macht auch eine Neuauslegung des Koran über kurz oder lang unumgänglich, und noch mehr: die Schaffung einer kohärenten Theologie, anstatt sich von einem Zitat zum anderen, von einer Interpretation zur anderen, hangeln zu müssen.

Um eine scheinbare Utopie fortzusetzen: In das Zentrum der Bemühung würde rücken, theologische Inhalte von später hinzugekommenen Ausführungsbestimmungen und den peripheren mündlichen Überlieferungen zu trennen, die nur den Blick auf das Wesentliche verstellen. Das heißt die

Konzentration auf die theologisch relevanten „mekkanischen Suren“, und damit der Verzicht auf die speziellen sozialen Verhältnisse der damaligen beduinischen Wüstengesellschaft als zentraler Bestandteil der Lehre. Es kann auch kein Dauerzustand sein, dass man „mekkanische Suren“ predigt, aber nach „medinischen“ handelt.

Der sudanesische Theologe Mahmud Muhammad Taha hatte die Zurückstellung der „medinischen Suren“ gefordert, weil sie nur zeitbedingt für das 7. Jahrhundert gültig wären. Er wurde dafür, und für seine Forderung der Abschaffung der Scharia, als „Abtrünniger“ 1985 in Khartum hingerichtet.

Die klassischen, bärtigen Korangelehrten haben versagt. Von wem könnte diese Aufgabe sonst bewältigt werden als von gebildeten, wissensorientierten Muslimen in der westlichen Diaspora? Auch die muslimischen Frauen in der Diaspora werden sich auf Dauer sicher nicht mit ihrer Benachteiligung und Zurücksetzung zufriedengeben. Dieses neue Modell des Islam, nennen wir es salopp Euro-Islam, ist die Zukunft des Islam.

Literaturverzeichnis

Allgemeine Literatur

Gopal, Jaya, „Gabriels Einflüsterungen", Freiburg 2006.

Ibn Warraq, „Warum ich kein Muslim bin", Berlin 2004.

Vertiefende Literatur

Ohlig, Karl-Heinz (Hrsg.), „Der frühe Islam", Berlin 2007.

Ohlig, Karl-Heinz/Puin, Gerd-R. (Hrsg.), „Die dunklen Anfänge", Berlin 2007.

Burgmer, Christoph (Hrsg.), „Streit um den Koran. Die Luxenberg-Debatte", Berlin 2007.

Spezielle Literatur

Al-Buhari Sahih, „Nachrichten von Taten und Aussprüchen des Propheten Muhammad", Stuttgart 2006.

Arab Human Development Reports 2002 - 2009, United Nations Development Programme, New York.

Bartsch Gergard (Hrsg.), „De tribus impostoribus" (Über die drei Betrüger), Berlin 1960.

Dieterici Friedrich, „Über den Zusammenhang der griechischen und arabischen Philosophie", Leiden 1903. Nachdruck München 2004.

Diner Dan, „Versiegelte Zeit", Berlin 2007

Gericke Wofgang, „Wann entstand das Buch ‚Von den drei Betrügern'"? In: Theologische Versuche 8, Berlin 1977.

Goldziher, Ignaz, „Muhammedanische Studien", Halle 1888. Reprint von Olms, 2004.

Grabar Oleg, „The Dome of the Rock", London 2006.

Henning Max, „Der Koran“, Stuttgart 1998.

Ibn Tufail, „Hajj ibn Jaqzan. Der Naturmensch“, Köln 1983.

Kepel Giles, „Die neuen Kreuzzüge“, München 2004.

Kolter Bonifatius(Hrsg.), „Die Schriften des Johannes von Damaskus“, Berlin 1981.

Lewis Bernard, „Kaiser und Kalifen“, München 1996.

Lewis Bernard, „Der Untergang des Morgenlandes“, Bergisch Gladbach 2002.

Luxenberg Christoph, „ Die Syro-Aramäische Lesart des Koran“, Berlin 2007.

Lüling Günter, „Über den Urkoran. Ansätze zur Rekonstruktion der vorislamischen Strophenlieder im Koran“, Erlangen 1974.

Lüling Günter, „Die Wiederentdeckung des Propheten Muhammad: Eine Kritik am „christlichen“ Abendland“, Erlangen 1981.

Lüling Günter, „ Zwei Aufsätze zur Religions- und Geistesgeschichte. Avicenna und seine buddhistische Herkunft“, Erlangen 1977.

Nöldeke Theodor, „Geschichte des Qorans“, Leipzig 1909, Nachdruck Elibron Classics, New York 2004.

Paret Rudi, „Der Koran“, Stuttgart 2006.

Runciman Steven, „Geschichte der Kreuzzüge“, München 1989.

Salibi Kamal, „Die Bibel kam aus dem Lande Asir“, Hamburg 1985

Sprenger Aloys, „Das Leben und die Lehre desMohammad nach bisher grösstentheils unbenutzten Quellen“, Berlin 1869.

Strohmaier Gotthard, „Denker im Reich der Kalifen“, Leipzig 1979.

Strohmaier Gotthard, „Avicenna“, München 1999.

Tibi Bassam, „Fundamentalismus im Islam“, Darmstadt 2002.

Weil Gustav, „Mohammed der Prophet, sein Leben und seine Lehre“, Stuttgart 1843.

Wieland Rotraut, „Offenbarung und Geschichte im Denken moderner Muslime, Wiesbaden 1971.

Yehuda D. Nevo / Judith Koren, „Crossroads to Islam“, New York, 2003.